LOS 7 PILARES
DEL MARKETING DIGITAL

Un Sistema Integrado de Marketing

Primera Edición en Español

Escrito por: Arman Rousta
Emprendedor y Presidente de Blueliner

La Serie de los Pilares del Marketing: Libro 1

7 Pillars Digital Marketing Academy, LLC
Jersey City, NJ, USA

Editado por Allison Turza Bajger PhD.

Diseño Portada e Ilustraciones: Eduard Balaž;
Iconos: Damjan Dano (paginas: 24, 25, 26, 27, 29, 31, 32, 33);
Ejercicios y Tips rápidos: Allison Turza Bajger;
Contribución Inglés: Conor Dalton;
Traduccion y Contribución en Español: Soribel Fernández, Ouali Benmeziane, Founder at WebCongress Inc.;
Prefacio: Ouali Benmeziane, Founder of WebCongress Inc. @ouali

Impreso y reproducido en: Bogotá, Colombia.

ISBN 978-0-9862365-3-2

Dedicado a todos los valiosos clientes de Blueliner, sin los cuales el concepto de los 7 Pilares no hubiese sido posible.

A mi querido hijo, Aydin, quién (como este libro) nació en 2015, en el mes 7 (Julio).

"Arman ha creado un nuevo paradigma que guía marcas e individuos a encontrar su camino en el complejo y creciente mundo digital. Los 7 Pilares proveen una estructura y credibilidad necesaria en el campo del Marketing. Este es un manual recomendado para nuevos empresarios y todo aquel involucrado en los departamentos de Marketing."

⇨ Rocco B. Commisso, Presidente & CEO Mediacom Communications Corp.

"Hoy en día el mundo está abrumado con las tácticas, trucos, herramientas y consejos sobre el Marketing Digital, Social y móvil. Haciendo casi imposible encontrar la mejor forma de construir un buen plan de ataque. Afortunadamente, para todos los profesionales de Marketing y dueños de negocios, los 7 Pilares han surgido para ayudarnos a entender lo que es más importante, cómo priorizar y obtener una base firme para lograr el éxito en el Marketing Digital."

⇨ Aaron Kahlow, Fundador, Instituto Marketing en Línea – Online Marketing Institute.
🐦 @aaronkahlow

"En esta era, más que nunca necesitamos dejar un plan en Marketing Digital, y los 7 pilares están aquí para ayudar a los profesionales en Marketing a optimizar cada aspecto de su trabajo. Necesitábamos una guia para pensar, planear y medir. En webCongress creemos que este libro debería estar en las manos de cada profesional en Marketing."

⇨ Ouali Benmeziane, CEO de WebCongress Inc.
in. linkedin.com/in/oualibenmeziane

"7 Pilares es lo que las agencias necesitan para la creación de estrategias ganadoras para sus clientes. Está basado en años de experiencia práctica que Arman ha convertido en una metodología aplicada. Es la clave por lo que es fundamental y útil."

⇨ Givi Topchishvili, Fundador & Presidente del Grupo 9.8

"He sido testigo en dos ocasiones de la exitosa aplicación de los 7 Pilares del Marketing Digital, en instituciones de gran relevancia en las áreas del Turismo y Cuidado de la Salud en el Caribe. Esto no es teórico, es una guía práctica, una caja de herramientas, que trabaja habilidosamente con el Retorno de la Inversión (ROI), manejo de marca y las diferentes formas de generar potenciales negocios y manejo de clientes que son requeridos en nuestra actualidad para permanecer competitivos. Yo desearía haber guardado el secreto por más tiempo; pero al mismo tiempo, ¡estoy feliz al ver la comunidad de Marketing recibiendo este regalo de Arman! Este libro abrirá su apetito y los dejará queriendo más."

⇨ Shomari Scott, Director de Marketing Health City Islas Caimán y antes Director de Marketing para el Departamento de Turismo de Islas Caimán.

"Muévete 6Sigma! Los 7 Pilares son una metodología de Marketing científica que pone sentido a este vasto y cambiante campo del Marketing Digital. Desde la búsqueda hasta los Medios Sociales, este libro es una fantástica introducción y fundamento de cómo el individuo debe aprender a encontrar su nicho en el ecosistema del internet. Los 7 Pilares van más allá del Marketing, es también aplicable a los desafíos en los negocios y la administración."

⇨ Matt McGowan, Estratega @ Google & Youtube
[in] linkedin.com/in/mcgowan

"Para navegar en este emocionante y nuevo mundo Digital el individuo necesita un manual, una guía y un contenido con sabiduría comprobada. El libro que tiene en sus manos resistirá el paso del tiempo y será un componente vital para el éxito del Marketing Digital de su empresa en los años venideros."

⇨ David Houle, Futurista y Autor "The Shift Age"
🐦 @evolutionshift

TABLA DE CONTENIDO

Tendrá información sobre

MPT — Experto en números | Recolector de información | Cazador | Granjero | Pensador – Estratega | Hacedor | Visionario

El Profeta
de los Pilares

Una raza extraña, El Samurái Azul (Dimensión 3, Nivel 7)
*Maestros seleccionados, Lideres de la Industria, Innovadores y Guías.

Prefacio

Hoy más que nunca es urgente integrar una estrategia digital en su empresa. Las redes sociales y los dispositivos móviles son omnipresente en la vida de sus clientes, empleados y seguidores, Internet es ahora transversal a cualquier profesión, cargo e industria.

En WebCongress Inc llevamos desde la era Pre-Facebook creando eventos, cursos y experiencias para preparar las personas y empresas a las nuevas tecnologías, aprender a desarrollar estrategias efectivas y conocer las herramientas profesionales para medir su éxito en digital.

Junto a Blueliner y Arman Rousta, estamos felices de haber contribuido a la creación de un libro de referencia en español para que los profesionales de nuestra industria puedan tener en sus manos los pilares claves para desarrollar sus estrategias digitales y entender como sacarle provecho a la era digital.

Ouali Benmeziane, **Founder of WebCongress Inc.**
@Ouali

Un mapa
para la excelencia en Mercadeo

Motivado por la Innovación

Inteligencia de Negocios

Compartir activamente los conocimientos de forma activa

Flujo de Trabajo Orgánico y ágil

Compartir activamente los conocimientos

Introducción a los 7 pilares

Los 7 pilares del Marketing™ son un marco de trabajo integral y un nuevo paradigma para el aprendizaje y dominio de la disciplina del Marketing que evoluciona constantemente. Este libro provee un nuevo prisma por donde visualizar la estrategia, el presupuesto, ejecución y análisis del universo de las ideas del Marketing integrado y completo (tradicional y digital), tácticas y técnicas. Los 7 Pilares ilustrarán el ecosistema que comprende el internet - desde medios sociales hasta los rasgos analíticos de las páginas Web - y provee una metodología práctica para lograr entender el espectro completo de las oportunidades que ofrece el Marketing digital.

Decidí crear los 7 Pilares para que mis empleados y clientes tuvieran acceso a este sistema organizacional y educacional, con el cual podremos construir y aplicar los conocimientos de Marketing; se utilizan para la planificación, ejecución y análisis de todos los tipos de esfuerzos en este campo.

Los 7 Pilares tienen un enfoque práctico y científico del Marketing no una teoría vaga sin fundamentos. Han sido forjados en casi 20 años de pruebas, actividades para el beneficio de nuevas empresas y empresas pertenecientes al Top 500 de Fortune. Hace al Marketing responsable! Los resultados - tanto errores y éxitos por igual- son abarcados en esta metodología de fácil aprendizaje.

Lo atractivo de los 7 Pilares es que vienen con cada detalle - desde una aplicación para móviles hasta palabras específicas utilizadas en las herramientas de búsqueda en la web - de vuelta al escenario completo. El Marketing es una práctica holística, un campo interconectado que requiere un marco de trabajo para lograr entender la relación de todos los aspectos como un todo. El aprendizaje de una táctica específica en una forma vacía y rápida va en contra de la productividad. Los 7 Pilares representan mucho más que tácticas específicas; son principios extralimitados, o campos energéticos que gobiernan el mundo del Marketing.

Este libro introduce un sistema comprobado y completo que le permitirá encontrar su lugar en y progresar en el amplio mundo del Marketing digital Es una guía práctica que provee preguntas educativas y herramientas de valor.

Siéntase libre de explorar el contenido, de buscar las áreas específicas de su mayor interés. Cada elemento, cada sesión, son parte de un sistema mayor pero pueden ser aprendidas de manera independiente. Ahora bien, le recomiendo que lea las páginas de introducción y luego explorar en detalle cada sesión (Por ejemplo: Los 7 Pilares de Marketing Digital, 7 Modos, 7 Ángulos, etc.) esto le brindará una perspectiva más amplia del mundo del Marketing. O si bien prefiere, abarque las sesiones aleatoriamente, para la comprensión de ideas y posterior implementación en una campaña de Marketing.

Recuerde, este es un libro de introducción a un vasto marco en otras áreas que se deben estudiar en profundidad. En un futuro, se publicarán libros complementarios para áreas específicas en más detalle, con libros para cada Pilar y Modo, así como, las mejores prácticas específicas por industria (Por ejemplo: Los 7 Pilares del Marketing Digital; Edición Para Turismo y Viajes) vale la pena resaltar, que es la primera edición especializada en la que estoy trabajando en la actualidad.

La página principal del sitio web www.7pillarsdigital.com, provee más información, contenido y recursos útiles o puede acceder a los links especificados a continuación.

Pilar 1:	7pillarsdigital.com/p1
Pilar Tradicional 2:	7pillarsdigital.com/tp2
Modo 5:	7pillarsdigital.com/m5
Angulo 3:	7pillarsdigital.com/a3
Nivel 7:	7pillarsdigital.com/l7
Fundamentos básicos 4:	7pillarsdigital.com/cp4
Dimensión 6:	7pillarsdigital.com/d6
Tipo de personalidad en Marketing 1:	7pillarsdigital.com/mptl

Copia escrita

Frases
Encabezados
Copia página web
Copia catalogo productos
Copia Productos y Servicios
Bloques
Libros
Relaciones Públicas y comunicados de Prensa
Contenido en varias Lenguas - Traducciones

Contenido visual

Imágenes
Video
Animaciones

Audio

Podcast
Libros en Audio
Música
Audio-entrevistas

Contenido P1

Pruebas múltiples en Página web

Desarrollo Página web

Diseño Página Web

Desarrollo de programas

Mantenimiento Página Web

Diseño UX P2

Administración técnica

Arquitectura de la Información

StoryBoarding o Estructura Alambrado

Arquitectura del Sistema

Integración API   QA

LOS 7 PILARES
DEL MARKETING DIGITAL
MAPA TÁCTICO

P3 Búsqueda

Análisis de la competencia SEO

Selección de la Audiencia SEO

En la Página Web

SEO Técnico

Desarrollo Metadata
CopyWriting en
Página Web Desarrollo Microdata

SEO Móvil

Reportes SEO

No en Página Web

Sumisión a Directorios
Construcción de enlaces

Motor orgánico de compras para el consumidor (CSE)

Búsqueda portal

Investigación palabras claves

Búsqueda en la Página

Priorización de palabras claves

Pagar por Clic

Motores de Búsqueda
Contexto

CPM

Publicidad Banners
Contexto
Re-enfocar
Enfoque IP
Publicidad interactiva/ gamificada
Publicidad en Juegos
Correos electronico publicitarios
Publicidad en video

P4 Medios

CPA/ Mercadeo Afiliado

Chat en vivo

Correo Electrónico Mercadeo

EMS – Selección e Instalación
Personalización
Migración de Datos
API Integration
Entrada de Datos
Creación de la Campaña
Transmisión de la Campaña
Análisis e Informes
Correos electrónicos Masivos – Rentando un listado
Campañas Directas (DRIP)

CRM y el Manejo de los contactos

Selección, Instalación y mejoras al sistema CRM
Personalización
Migración de Datos
Integración de aplicaciones
Entrada de Datos
Segmentación
Prioridad cliente Potencial
Seguimiento a Cliente Potencial

P5 CRM

Analíticos

Analíticos de la Web Selección e Instalación
Personalización
Segmentación
Reportes

Servicio al Cliente

Servicio al Cliente Vía telefónica
Servicio al Cliente Correos electrónicos
Servicio al cliente Medios Sociales

P6 Social

Social Orgánico

Creación y administración de Perfil
Publicaciones originales (imágenes, videos, etc.)
Compartir y comentar
Reseñar, Evaluar, Enlazar
Mensajes Directos
Suscripciones a grupos
Publicación y administración de eventos
Producción de eventos en vivo

RP en Línea

Juegos Sociales

Aplicaciones Sociales

Social Pagado

Publicidad Pagado por Clic
Publicidad CPM
Publicidad Pagada por visita
Publicidad CPA

Web Móvil

Mercadeo SMS

Publicidad Móvil

Publicidad Móvil
Publicidad en Aplicaciones
Publicidad en notificaciones

P7 Móvil

Códigos QR

Aplicaciones Móvil

Aplicaciones Nativas
Aplicaciones Hibridas
Aplicaciones Web

Mercadeo de Proximidad
(ejemplo Bluetooth)

Los 7 Principios Básicos

Hay 7 características principales que permean y definen la metodología de los 7 pilares.

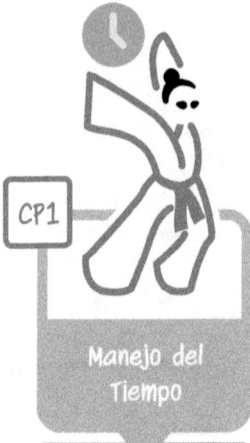

CP1

Manejo del Tiempo

El manejo de forma proactiva del tiempo, del conocimiento de sí mismo, el desarrollo de la conciencia, y el respeto por el tiempo, el suyo y el de los demás, es una piedra angular de los 7 Pilares. Un profesional en Marketing inteligente: a) Reconoce que el impulso y la inspiración son variables que impactan la productividad, b) Entiende como maximizar el tiempo de su equipo al alinear sus habilidades con las tareas y prioridades.

CP2

Motivados por objetivos

Los profesionales en Marketing productivos y felices son motivados por sus metas. La responsabilidad financiera es esencial pero hay otros indicadores de desempeño, como el impacto social que también son importantes; por consiguiente, todo proyecto debe considerar la evaluación de sus objetivos al comienzo y al final del proceso. Como dijo el gran Albert Einstein "Si quieres vivir una vida feliz, átala a una meta, no a las personas u objetos".

CP3

Holístico e Integrado

"La totalidad es mayor que sus partes."

Los 7 Pilares es una práctica holística en el Marketing a nivel mundial (2+2=5; buscando la creación del valor agregado y sinergia entre las diferentes tácticas). Nosotros observamos cómo los 7 Pilares trabajan en conjunto y sincronía para producir resultados tangibles. Por encima del éxito de cualquier campaña, la ética es realmente importante W7= gana – gana, el séptimo poder y el impacto en los siete niveles debe ser ponderado, incluyendo: 1) El Cliente 2) La Agencia 3) El personal del Cliente 4) El personal de la agencia 5) Los clientes del cliente 6) Comunidades 7) El Mundo. El sistema de medidas debe estar balanceado. Cada grupo necesita hacerse preguntas como "¿Qué estamos haciendo?" "¿Estamos brindando un buen servicio a nuestro cliente y sus empleados?"

CP4

"Los innovadores ganan, los que copian solo están intentando alcanzar el ganador."

Compartir activamente los conocimientos

Motivados por la Innovación

CP5

Flujo de trabajo ágil y orgánico

Los innovadores ganan, los que copian solo están intentando alcanzar el ganador. Los 7 Pilares hablan acerca de la reinvención y ampliar las fronteras mediante buenas prácticas, las cuales, están cambiando más rápido que nunca. Usted debe intentar cosas nuevas y evaluar los problemas desde diferentes ángulos, para así mantenerse alerta y mantener sus facultades para resolver problemas frescas.

Inteligencia de Negocios

En caso de duda, analice y optimice todo. Recuerde que siempre podrá aprender algo nuevo mediante la revisión de los hechos con una mente clara y un nuevo punto de vista. La inteligencia de negocios va más allá de observar números, consiste en la generación de información valiosa y recomendaciones prácticas derivadas de los datos y las tendencias.

Yo creo en el principio de la multitud de recursos externos, recursos abiertos y "anti feudales", los cuales son abiertos y sistemas colaborativos. En el mundo de hoy, donde la velocidad de cambio es más rapida que nunca. El conocimiento del ayer es obsoleto, mientras que el de mañana está aún vivo y latente, mientras podamos compartirlo unos a otros bajo una conciencia colectiva de 7 mil millones de cerebros en el planeta tierra, mejor estaremos.

El sistema estimula el hacer ajustes para adaptarse. El gran maestro de Karate Bruce Lee dijo "Sé cómo el Agua. Siempre flexible" Los profesionales de alto rendimiento están enfocados, no centrados. Ellos acomodan dichas variaciones a sus estilos de trabajo (Estructura vs. Flexibilidad. Sinergia del lado derecho del cerebro versus el izquierdo). La ágil gestión de proyectos es la forma más efectiva para la culminación de proyectos con alta complejidad, los cuales muchas veces tienen requerimientos cambiantes y objetivos móviles.

"Ser como el Agua, siempre flexible."

7 Dimensiones: El Sistema Maestro de depuración en las prácticas de Marketing

Hay 7 dimensiones dentro del sistema de los 7 Pilares, los cuales actúan como un modelo de filtro maestro con el cual organizar los conocimientos y prácticas de Marketing. Ya sea que estemos conscientes de ello o no, en cualquier momento de nuestra carrera, nosotros existimos en uno o más lugares dentro de cada dimensión. Entendiendo que las 7 dimensiones y e lugar que tenemos en cada una de ellas mejoran nuestro desempeño y el conocimiento en Marketing y a su vez la compresión de las dinámicas en equipo.

Dimensión I: 7 Pilares

Los 7 Pilares constituyen la primera dimensión y de mayor nivel en el presente modelo y puede ser comparado con los planetas del sistema solar. Estos pilares son la energía central que gobierna todo en el universo del Marketing. Al al final todo fluye a través de uno o más de estos principios centrales.

Dimensión II: 7 Modos

Los modos son tan importantes como los Pilares. Mientras que los 7 pilares constituyen el mayor nivel conceptual, los modos son planos de acción, cada modo describe una etapa diferente o modalidad mediante las diversas acciones de Marketing por la que se puede optar.

Dimensión III: 7 Ángulos

Cada Ángulo se refiere a un enfoque diferente, métodos y funciones en los que actuamos en el proceso. ¿Está analizando el problema desde la perspectiva del diseñador? Si es así, entonces usted aplicará el Ángulo Creativo. Los ángulos se combinan con los niveles.

Dimensión IV: Los 7 niveles

Los niveles se refieren a la experiencia y habilidades dentro de cada pilar, Modo, Ángulo "trayectoria" y también puede ser aplicado a las posibles 2 Dimensiones, Mercados e Industrias. La evaluación de los 7 Pilares provee al mercadólogo un punto de partida desde donde podrá medir su nivel real en "Karate", usamos analogías con las artes marciales, donde el color del cinturón refleja el nivel de maestría. Blanco, Amarillo, Naranja, Verde, Marrón, Negro y Azul siendo el último, el nivel más alto reservado para los líderes del juego.

Dimensión V: Mercados

Incluye los intercambios locales y globales que pueden ser segmentados geográficamente (Por ejemplo: Continente, País, Estado o Provincia, Ciudad etc.), demográficamente (Por ejemplo: Nivel de Ingreso, Género, Edad, Raza etc.) y/o psicológicamente (Por ejemplo: comportamiento del usuario, gustos e intereses, etc.). Esta dimensión ha sido turba comprimida por explosiones de conectividad a internet y la propagación de celulares inteligentes e incluye algunos conceptos tales como páginas de internet multi-idiomas y campañas de Marketing hiper-locales.

Dimensión VI: Industrias

En esta sección se incluyen una exposición de grandes divisiones y subdivisiones de negocios (Por ejemplo: Líneas aéreas es un subgrupo de Viajes y Turismo). Las mejores prácticas y tácticas de Marketing difieren ampliamente por industria, como lo es también las terminologías de la industria y las regulaciones ambientales.

Dimensión VII: Tiempo

En el Marketing Digital las mejores prácticas y herramientas están constantemente cambiando. Lo que era importante ayer, puede no ser pertinente mañana. La última dimensión remarca estas tendencias históricas y actuales mediante un análisis sintáctico del Marketing Digital, más amplio, abarcando el pasado, presente y futuro. Usted también puede utilizar esta dimensión para planear su carrera profesional, establecer metas para el futuro y comprender cuántas horas son requeridas para crear nuevas habilidades, permitiendo la maximización de su potencial.

7D

Los 7 Pilares
del Marketing Digital
...el sostén de la vida Digital

Contenido

Móvil

Diseño

Medios
Sociales

Búsqueda

CRM

Medios

Resumiendo el Ecosistema del Internet

Los 7 pilares del Marketing Digital

Respecto a la terminología, además de ser el nombre del sistema también representa el primero - y el más amplio - de las siete dimensiones del sistema.

En su mayor parte, cuando el término se utiliza a lo largo del libro, el contexto deja claro a cuál de los 7 pilares está haciendo referencia. Donde puede que no sea clara, he añadido una palabra para no permitir ningún margen de error (Por ejemplo: "el sistema de los 7 pilares" o "Los 7 pilares (D1)" haciendo referencia a la primera dimensión del modelo).

Los 7 pilares (D1) encierran el universo de internet, reduciendolos a estas categorías fundamentales que literalmente sostienen "la vida digital". Los pilares son amplios y abarcan todo, y están compuestos por otros niveles de sub-especialidades, tácticas de Marketing, plataformas tecnológicas asociadas y estrategias.

El propósito de este libro es dar una visión general de este universo pero no proporcionará una perspectiva en detalle. Sin embargo, encontrará información específica en la página web y materiales adicionales de capacitación.

Recomiendo que los profesionales en Marketing y emprendedores elijan uno o como máximo dos pilares como especialidad, como lo hicieron en la Universidad. A continuación, debe preguntarse ¿Dónde deseo desarrollar mi experiencia?

La respuesta a esta pregunta requiere la elección de dos o tres materias secundarias, que servirán como complementos estratégicos a su especialidad y metas afines.

El mismo ejercicio de elegir una especialidad y dos materias secundarias serán necesarios para la dimensión 2 (Modos) y 4 (Ángulos) así como en casos más avanzados, 5 (Mercados) y 6 (Industrias) los cuales se tratarán posteriormente.

Más allá de su especialidad, fiel a la naturaleza integral y armónica de este sistema, es imperativo aprender al menos los conceptos básicos a través de los 7 pilares, con el fin de ser un profesional de Marketing eficaz.

Pilar 1 [P1]: Contenido

Tanto para el Marketing digital como el tradicional, el contenido aún es (y siempre lo ha sido) el Rey. El contenido es la esencia de todo el Marketing, el cual se encuentra particularmente en línea. Después de todo, la red entera se compone de búsqueda de contenido. Si no fuera por el contenido, los motores de búsqueda serían inexistentes, al igual que las redes sociales.

El contenido es un pilar importante y funciona a través de otros pilares de una manera más independiente que cualquier otro. El contenido abarca todas las formas de redacción desde páginas web, blogs, redes sociales hasta anuncios en línea. La fotografía (de archivo y original), es también una forma importante de contenido para las propiedades de la página web y de vídeo para el uso digital; así tenemos: 1) Texto, 2) Audio, 3) Video y 4) Formas gráficas de contenido.

Actualmente, hay todo tipo de discusiones en torno al Marketing de contenido y Marketing de entrada o Inbound Marketing, como si fueran nuevos conceptos; no lo son. La industria está dando ahora un giro diferente y un enfoque sistemático hacia el contenido, después de darse cuenta lo vital que es la planificación y organización en este aspecto, para la creación de campañas de marketing exitosas.

Cada día se establece un nuevo récord con respecto a la cantidad de contenido que se crea y almacena en "la nube" (cloud), posteriormente organizado por motores de búsqueda como Google, que representa el universo digital en constante expansión. Realmente es algo asombroso.

La recomendación para el profesional de Marketing de los 7 pilares es forjar su propio nicho y convertirse en un tipo de "creador de contenido" ya sea como individuo o en representación de una organización.

Tal como es el caso de los pilares tradicionales de marca, el contenido es un indicador clave de la compañía. Si la marca es la personalidad de la empresa, el contenido sin duda es su voz.

Pilar 2 [P2]: Diseño

Si el contenido es el Rey, el diseño de la experiencia del usuario o "User Experience Design" (UX) es la reina. De lo bien que se alineen se determina, en gran parte, la calidad de expresión de una marca.

Batallo con la idea de llamar este pilar "Diseño" o "UX" pues uno conlleva al otro.

El diseño, siendo un término más amplio y con el cuál más personas podrían relacionarse de manera más fácil, se usará como nombre oficial del pilar. Sin embargo, en lo que a mí concierne, son intercambiables.

Este pilar abarca todos los aspectos de la experiencia hasta el usuario digital, incluyendo el desarrollo web, el desarrollo de aplicaciones, diseño web e incluso alojamiento y mantenimiento web. Cada elemento que compone las páginas de un sitio web demanda una experiencia al usuario bien pensada, con recursos creativos, como banners publicitarios, las formularios, llamadas a la acción y gráficos de cabecera. Vale precisar que la interacción con otros pilares se evidencia aquí, ya que estos activos de marketing toman la dirección del diseño paralelo tradicional para el pilar 2 (Branding) y utilizan el pilar 1 (Contenido).

El UX, más que otros pilares digitales, existe en el mundo tradicional así como en el digital; está presente en todo, desde el diseño del producto, construcción hasta llegar inclusive, a los folletos de marketing. El Feng Shui es un ejemplo de UX en el mundo físico, en el que se trata de organizar los muebles y el espacio de una manera que optimiza la experiencia de aquellos que viven o visitan ese espacio.

Hay muchos tipos de diseñadores (por ejemplo, artistas gráficos, "information architects", iconógrafos, animadores, etc.) en este amplio ecosistema; también incluyo gente técnica en esta área, pues ellos tienen un gran impacto en la experiencia del usuario. La forma en que una página web o móvil viene a la vida, a través de diferentes estados de página y elementos interactivos, depende en gran medida de la forma inteligente en que la UX esté codificada por los programadores.

Pilar 3 [P3]: Búsqueda

Incluye:

La búsqueda en el sitio "es decir, la función de búsqueda en el sitio web", búsqueda de productos (en páginas como Amazon, Staples. com y Zappos. com), y básicamente la búsqueda de cualquier cosa dentro de páginas con un nicho específico (Por ejemplo, bienes raíces, vacaciones, etc).

La búsqueda destaca un gran avance que el internet le ha permitido disfrutar a los profesionales de Marketing y los demás usuarios en general. Gracias a la potencia de este poderoso pilar, las personas no se limitan a encontrar lo que buscan sino más allá, pues jamás había sido tan fácil. El dominio de las búsquedas ha producido miles de millones de dólares en ingresos a los emprendedores y compañías en línea. Mientras tanto nuestra dependencia colectiva en "El Dios de la búsqueda" (también conocida como Google) tiene a todo el mundo luchando por descifrar el código, engendrando nuevas industrias, concretamente: la optimización en buscadores (SEO).

El pilar de búsqueda involucra algo más que motores de búsqueda, también corresponde a los principios de búsqueda en toda la web, como búsqueda en el sitio (es decir, la función de búsqueda dentro de cada página web) busqueda de productos (en paginas como Amazon, Staples.com y Zappos.com), y esencialmente la busqueda de cualquier cosa dentro de paginas con un nicho especifico (por ejemplo, bienes raices, vacaciones, etc).

Las mejores prácticas de búsqueda cambian con bastante frecuencia, con las actualizaciones de Google Panda (Fue un cambio de algoritmo que realizó Google) causando que los profesionales del Marketing pierdan el sueño por la seguridad de su empleo. El consejo general que doy es que la evolución de SEO corresponde a resaltar el contenido más útil, interesante y atractivo para los usuarios finales. Por lo tanto, el SEO tiene una directa correlación con el contenido y la experiencia del usuario (UX) (Pilares 1 y 2) y destaca qué tan holístico es el modelo de éxito en Marketing verdaderamente. El simple hecho de depositar palabras clave con frecuencia en una página web no funciona de la misma forma que solía funcionar y en la actualidad, hasta puede que penalicen su página web por este tipo de comportamiento. La recomendación entonces, es centrarse en la creación del contenido verdaderamente genial que aporte valor y los diferencie en el mercado. Concéntrese en hacer que la experiencia del usuario sea intuitiva y estará un paso más adelante de la mayoría en el espectro de búsqueda.

Pilar 4 [P4]: Medios

El cuarto pilar está compuesto por todas las formas de publicidad en línea, básicamente cualquier publicidad paga incluyendo banners publicitarios, pago por click (PPC), endosos, correos electrónicos patrocinados y publicidad en redes sociales. El concepto principal del pilar en medios pagados está presente en diversas formas a través de otros pilares como social, gestión de relación con los clientes, búsqueda, etc., nuevamente destacando la interconexión de este sistema.

Los medios pagados a diferencia de los medios ganados (Redes sociales orgánicas y optimización en buscadores SEO) y medios propios (Editores que tienen su propio contenido y canales publicitarios) son la forma más popular de Marketing Digital y también es donde se gasta la mayor cantidad de dinero. Google es una mega empresa debido al éxito de convertirse en el canal por excelencia para los medios pagados a través de su sistema PPC (Pagos por click) y Google AdWords. Puede comenzar con publicidad en línea sin tener mucha experiencia previa y hacerlo usted mismo. Su fácil funcionamiento lo hace muy accesible, aunque a su vez sea muy fácil perder dinero rápidamente si no sabe lo que está haciendo, como otras negociaciones en línea.

Hay diferentes formas de pagar por medios online; estos incluyen Pago por click (PPC), Costo por Adquisición (CPA) o más bien Marketing de afiliación y la publicidad gráfica o banners publicitarios CPM (coste por impresión) por la que se paga anuncios en varias redes de publicidad, sin alguna garantía de cuántas personas realmente den click para visualizar sus anuncios.

Para las agencias y empresas de todos los tamaños, tener excelentes estrategas en medios digitales es de gran importancia, porque ellos pueden maximizar o estropear completamente el presupuesto de Marketing. Para tener éxito es de gran importancia usar los canales adecuados y apuntar a las mejores audiencias con un mensaje eficaz, a la vez que se continúa optimizando su campaña.

Incluye:

Banners publicitarios, pago por click (Pay per click), endosos, correos electrónicos patrocinados, asi como anuncios dentro de las redes sociales.

Una Superior gestión de relaciones con el cliente nos dirige hacia...

Análisis de datos

Segmentación de la base de datos de los usuarios

Organización de datos

Análisis de tráfico de la Web

Marketing por correo electrónico

Servicio al Cliente

Marketing Automatizado

Seguimiento a Clientes potenciales

Ventas

Estrategia Efectiva

Personal Capacitado

Éxito

Pilar 5 [P5]: CRM

La gestión de relación con el cliente o "Customer Relationship Management" o(CMR) por sus siglas en inglés y en el contexto del modelo de los 7 pilares, se refiere a todas las formas de interacción con el cliente o "lead" y las herramientas asociadas que las organizaciones usan para gestionar sus datos de contacto. Las bases de datos que segmentan a los usuarios por diversas características y demografía, son fundamentales en el CMR. Marketing por correo electrónico, ya sea para los clientes potenciales o existentes es otra táctica clave del CRM. Últimamente hay una gran tendencia hacia la automatización del Marketing y el cultivo de leads "Lead Nurturing" en inglés, ambas de las cuales están bajo el pilar de CRM. El CRM es un primo cercano del homólogo en marketing tradicional: las ventas. El servicio al cliente también es un aspecto fundamental del CRM, aunque con frecuencia es subestimado.

> **Incluye:**
>
> Marketing por correo y la herramientas de EMS Saas como Mailchimp, Web Analytics, softwares CRM como Salesforce y Sugar CRM, herramientas de automatización de Marketing como Marketo.

Con el fin de realizar un seguimiento y organizar los datos clave de CRM, se pueden utilizar herramientas como Google Analytics (Web data insights y presentación de informes), Salesforce (un sistema líder de base de datos de contactos CRM) y Mailchimp (un popular software de Marketing por correo o solución [EMS]. La mayoría de las herramientas CRM en la actualidad son un "software como servicio" o "Software as a service en inglés" o (SaaS) por sus siglas en inglés, donde la información una vez es almacenada en la nube, se puede acceder a esta por medio de paginas web y aplicaciones móviles. Tanto las estrategias de teléfonos móviles para CRM, como el Marketing por mensajes de texto están en aumento.

El CRM generalmente no es un pilar que genere leads; es por esto que se subestima fácilmente. La mayoría de los pequeños negocios no cuentan con efectivas soluciones para el buen y ágil manejo de la información y la cantidad de trabajo que es generada cuando los potenciales clientes se convierten en prospectos. La buena noticia es que con un entrenamiento y atención adecuada existe una mina de oportunidades de gran valor las cuales sumadas a una eficaz estrategia y ejecución de CRM son una mezcla exitosa. Al igual que en los demás pilares, una eficaz estrategia requiere del personal capacitado en la segmentación del mercado, administración de preferencias y la identificación de las necesidades del cliente para lograr una efectiva comunicación.

Medios Sociales ICRs
Midiendo la participación

985 Fans activos esta semana   **305** Likes   ⬆ **0,6%**

● Total interacciones ○ Likes

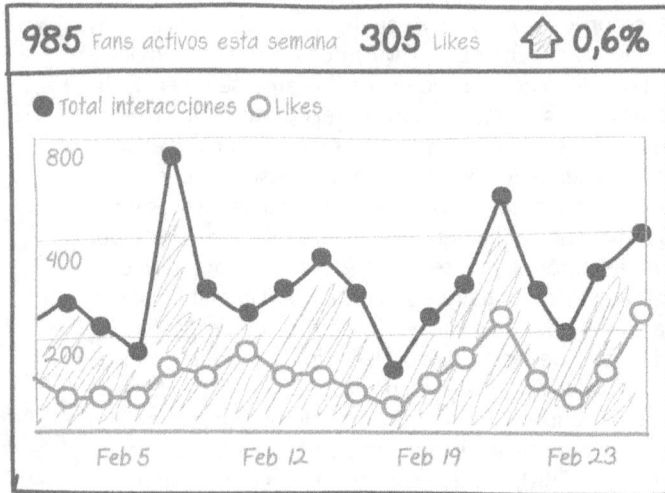

	Feb 5	Feb 12	Feb 19	Feb 23
800				
400				
200				

Demografía de la audiencia

▨ Hombres **49%**
☐ Mujeres **51%**

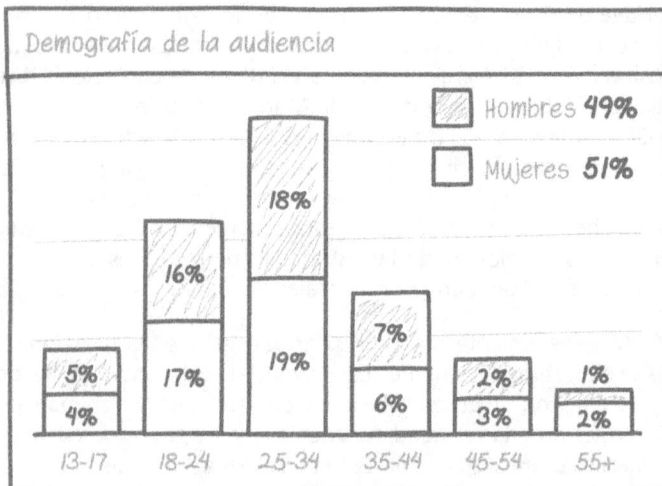

	13-17	18-24	25-34	35-44	45-54	55+
Hombres	5%	16%	18%	7%	2%	1%
Mujeres	4%	17%	19%	6%	3%	2%

Pilar 6 [P6]: Medios Sociales

Desde el crecimiento acelerado de Facebook entre 2005 - 2008, los medios sociales se han convertido en los más buscados o deseados, tema de discusión y ahora pilar en el mundo entero del Marketing. Todos los usuarios que están en línea básicamente participan en Medios sociales a través de una forma u otra otorgando una gran oportunidad a los profesionales en Marketing.

El sexto pilar comprende todas las formas de actividad orgánica en medios sociales. Esto incluye las comunicaciones dentro de todas las redes sociales (Por ejemplo: Facebook, Twitter, LinkedIn, Google+, Instagram, Snapchat, entre muchas otras) la construcción de una relación con clientes potenciales e influenciadores de la industria, asi como la distribución de contenido. Las relaciones públicas en el escenario online, son una extensión de las tradicionales que también corresponden al sexto pilar ya que son un tipo de Medios sociales, en cierto modo.

Incluye:

Facebook; Twitter; LinkedIn; Google+; Snapchat.

KPIs - ICRs:

Conocimiento general, desarrollo de la relación, influencia, retención, referidos y participación en general.

La rentabilidad de la inversión (ROI) en medios sociales es típicamente una combinación de medidas, más allá de simples metas financieras. Algunos de los indicadores claves de rendimiento (KPIs) fundamentales para este pilar son: el conocimiento general, el desarrollo de relaciones, influencia, retención, referidos y engagement en general. Puedes observar que la mayoría de estos KPIs tienen una estrecha relación con el altamente interrelacionado pilar 5 (CRM).

Las estadísticas en medios sociales continuarán rompiendo nuevos límites en el futuro próximo, ya que en el siguiente pilar, el último que corresponde a teléfonos móviles, está haciendo de las redes sociales un fenómeno mundial. La forma de participar de manera efectiva con el pilar 6, involucra una estrategia enfocada y reflexiva, en vez de intentar estar en todas partes y enviar miles de mensajes y promociones indiscriminadamente. Esto es relevante para las redes de contacto, tanto personales como profesionales. Casi todos los pilares entran en el juego de los medios sociales efectivos, incluyendo un sólido plan de Marketing de contenidos (P1).

Pilar 7 [P7]: Móvil

Para el 2020 no hay duda que habrá por lo menos un dispositivo móvil por cada persona en el planeta, lo que significa que más ciudadanos tendrán acceso inmediato a internet y un dispositivo de pago portátil. Los teléfonos móviles representan la más grande frontera de conectividad y la oportunidad a mayor escala que alguna vez el mundo haya conocido, haciendo de este último pilar, el 7, el principio más diferencial. Las implicaciones para las personas, así como para los negocios son amplias y usualmente alejadas de los efectos secundarios como la radiación y los problemas de accesibilidad, muy positivos.

En los 7 pilares, la telefonía móvil cubre todo, desde apps hasta páginas web para estos teléfonos y publicidad móvil. Es casi lo suficientemente grande para demandar su propia categoría, de las que conforman la totalidad del Marketing Digital. Más que cualquier otro pilar, la telefonía móvil está en el centro y los otros pilares se pueden ver a través de sus lentes. Aquí hay un ejemplo rápido, viéndolo desde la perspectiva de telefonía móvil:

Ejercicio:

Usando el marco de los 7 pilares cree una campaña de publicidad en una aplicación para teléfono móvil de su empresa, con base en un presupuesto hipotético de US$50,000 para tres meses. Tenga en cuenta las siguientes preguntas que le guiarán en el análisis:

1) Describa las habilidades de la persona que asignará para liderar la ejecución de la campaña. (Modo 4).

2) ¿Qué contenido y llamados a la acción va a incluir en el mensaje? (Pilar 1).

3) ¿Cómo se va a diseñar la experiencia del usuario de tal forma que sea algo cautivador, sin ser invasivo?

4) ¿Qué formas de publicidad en línea va a utilizar (Por ejemplo: PPC, CPM y marketing por asociación) (Pilar 4).

P1. Contenido

El contenido localizado es importante debido al factor de movilidad; un contenido conciso y preciso es requerido para pantallas pequeñas.

P2. UX

Efectos en las pantallas y las opciones del dispositivo móvil incluyendo GPS y el acelerómetro, brindando unas avanzadas y nuevas posibilidades del UX.

P3. Búsqueda

La búsqueda local es muy relevante. Los resultados de las búsquedas son resumidas y el clic para llamar a la acción lleva este pilar a una nueva escala.

Observando todos los Pilares a través de uno

(P7. Móvil)

P4. Medios

La publicidad basada en la localización geográfica permite nuevas oportunidades de adquirir clientes.

P5. CRM

Dentro de dos años, más personas leerán sus correos electrónicos desde sus teléfonos móviles en contraste con sus portátiles o computadores, creando un medio adicional para nuevas oportunidades de negocios.

P6. Social

Los medios sociales en línea son el mejor aliado del internet móvil, considerando la cantidad de contenido que proviene de estos medios y que es originado desde los teléfonos móviles, como fotografías y videos.

¿Cómo el Pilar 1 (Contenido)
se relaciona con todos los demás pilares?

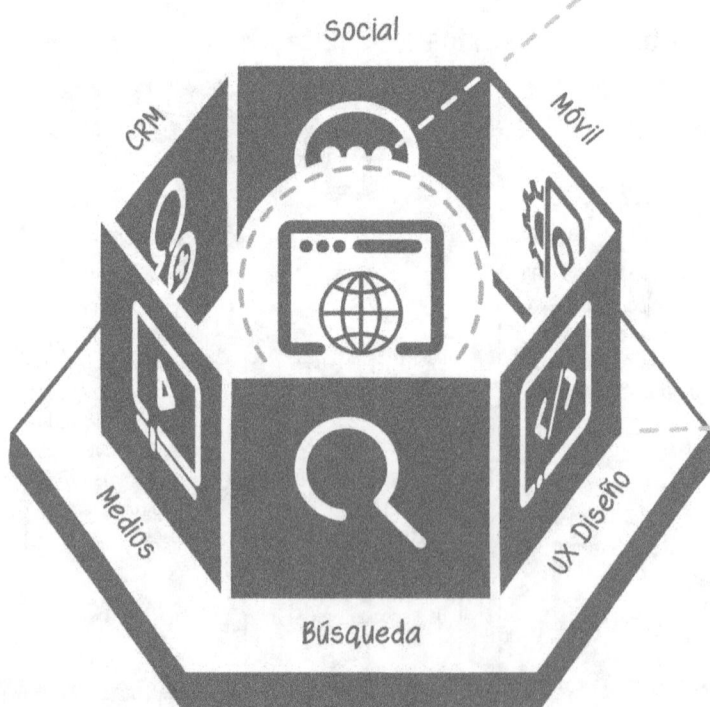

Social

CRM

Móvil

Medios

Búsqueda

UX Diseño

Contenido   Móvil

Ejercicio

Revise cada pilar y evalúe de qué manera el pilar 1, que se refiere al contenido, se relaciona con los demás pilares; preferiblemente, haga una lista de tres diferentes formas en la que el pilar 1 influencia los demás pilares y viceversa, partiendo desde su empresa, o nuevo negocio; finalmente pregúntese:

1) ¿Que tan bien se relaciona el contenido actual de la página web (P1) con el argot del diseño actual (P2)?

2) ¿De qué manera el contenido de la página de internet genera la búsqueda (P3) y de qué manera se alinea con los medios sociales (P6)?

3) ¿Qué tipo de contenido (P1) genera la mayoría de las ventas en el público objetivo, es decir, en su audiencia mediante las campañas de publicidad Móvil (P7 y P4)? Una pista: considere utilizar el CRM (P5) herramientas como Google Analytics, y Facebook Pixels, entre otras para el seguimiento y control de su información).

Nunca olvidemos nuestras raíces:

El Marketing tradicional aún es importante!

Los 7 Pilares del Marketing Tradicional

Es vital considerar el Marketing fuera del internet o el llamado Marketing Tradicional (MT), las teorías y tácticas allí inmersas, que son parte del marco general de los 7 Pilares; dentro de estas residen las raíces del Marketing.

La comprensión del Marketing tradicional requiere dar una mirada y apreciación de su historia. Las comunicaciones en la industria del Marketing, han recorrido una serie de etapas (Vea la discusión en la dimensión 7). El Marketing ha estado presente de una forma u otra desde el comienzo de los tiempos. El término – comunicaciones – empezó con los Egipcios, quienes usaron jeroglíficos para contar sus historias y registrar datos importantes. Desde que el ser humano pudo hablar, reuniones o conglomeraciones se llevaban a cabo para escuchar el líder y discutir planes de viaje o escuchar a los comerciantes promoviendo sus diversos productos. Los mercados locales y la ruta de la seda en el Medio Oriente y Asia reflejan las más antiguas formas de los pilares tradicionales: Pilar 5 (Ventas) Pilar 6 (Eventos).

Desde el lanzamiento de las comunicaciones masivas en la eras moderna (Televisión, radio y prensa) el Marketing tradicional ha evolucionado a una manera acelerada y dominante de guerra psicológica: la batalla por influenciar la mente y el comportamiento del ser humano. Los métodos 8y canales mediante los cuales los profesionales en Marketing y las empresas buscan influenciar la humanidad no tienen fin. El individuo es capturado sin conciencia alguna por la maquinaria del Marketing y sus más persuasivos mensajes. Grandes empresas con grandes presupuestos y amparados por grandes entidades financieras, tienen la más grande cantidad de munición y por ende, ganan el juego con frecuencia; mientras que su influencia ha sido incrementada por el crecimiento y expansión desmedida del internet, de igual manera el campo de juego ha sido elevado, brindando a las nuevas y pequeñas empresas la oportunidad de competir. Los consumidores tienen acceso a herramientas que les permite escoger o discernir dentro de las influencias que reciben, y preferencias de mercado (Por ejemplo: Listas de "No llamar", normas de Spam) y su propio instinto al escoger.

Como todo enfoque holístico, nosotros no simplemente dibujamos una línea en la arena y decimos "En este lado todo es digital y en este otro lado todo es tradicional". Esto es un error clásico en que algunas agencias y ejecutivos caen, dejándose influenciar y cayendo en una innecesaria competencia entre departamentos y frecuentes

El Marketing Integrado:
El Reflejo de los Pilares

Pilares Digitales

Pilares Tradicionales

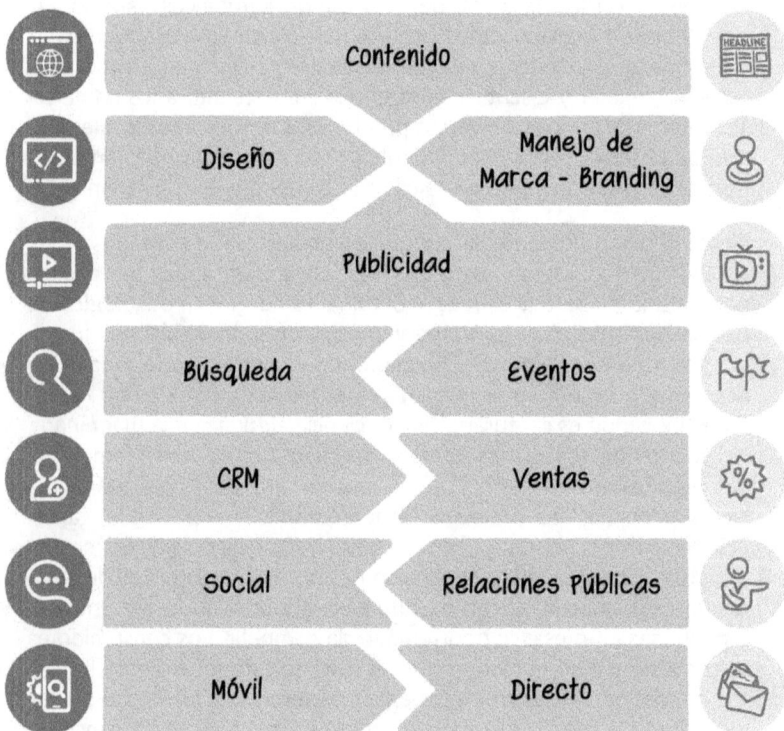

Pilares Digitales	Pilares Tradicionales
Contenido	
Diseño	Manejo de Marca - Branding
Publicidad	
Búsqueda	Eventos
CRM	Ventas
Social	Relaciones Públicas
Móvil	Directo

reestructuraciones del departamento de Marketing. Se pueden realizar divisiones racionales mientras se pone más esfuerzo en los numerosos puntos de conexión en el Marketing integrado, el cual si es eficientemente estratégico, puede brindar beneficios inesperados y éxitos en el mercado a las empresas.

En un punto determinado, existió un tiempo en que el Marketing Digital tuvo que mostrar su validez y beneficios para recibir un porcentaje considerable del presupuesto general de Marketing. Sin embargo, en el Marketing actual todo es integrado al Marketing Digital. Habiendo dicho esto, el péndulo desafortunadamente se ha movido en dirección opuesta. La gran mayoría de los profesionales en Marketing o quienes los ejercen han declarado el Marketing Tradicional como "muerto" y no están prestando atención a otros escenarios importantes del Marketing que son fundamentalmente tradicionales en origen y naturaleza.

Cualquiera podría asumir que los 7 pilares digitales sumado a los 7 Pilares Tradicionales, hacen 14 Pilares, sin embargo, son 2 sistemas de pilares que combinados actualmente hacen 12 pilares de Marketing integrado (7+7=12) ya que 2 de esos Pilares (Contenido y Publicidad) se alinean y forman uno.

En cierto sentido, el Marketing tradicional ahora debe compartir el escenario con su igualmente poderosa contraparte - el Marketing Digital. Por su parte, el Marketing Tradicional ha cobrado mayor importancia debido a que sus canales se pueden amplificar y dar casi vida eterna a los mensajes/publicidad digital mediante su respectiva integración. Considere una publicidad tradicional televisiva, que mediante un hashtag para Twitter motive a una llamada a la acción; esta publicidad mediante esta integración ha extendido su vida y ha influenciado más allá, en contraste con la presencia de marca creada por una pauta de 30 segundos.

$$7 + 7 = 12$$

En este capítulo, se describirán brevemente los 7 Pilares del Marketing Tradicional, con énfasis particular en la manera en la que se diferencia y se relaciona con el Marketing digital. Hasta los individuos más enfocados y nativos en la tecnología digital pueden beneficiarse profesionalmente y afilar sus habilidades mediante la comprensión de los fundamentos del Marketing tradicional. Con un panorama general, se puede ver cómo el Marketing tradicional ha preparado el camino para el Marketing digital, mostrando el lenguaje y la base donde el Marketing digital está siendo desarrollado.

En la conceptualización del sistema de los 7 pilares, se ha reconocido la importancia de la integración de los conceptos del Marketing tradicional (MT) a este modelo. Los 7 pilares del Marketing (tp1- tp7) están explicados de manera general a continuación:

tP1. Contenido

Escrito, fotografía, vídeos: utilizado mayormente en los atributos/presencia de la marca.

tP2. Manejo de la marca/ Branding

Identidad, personalidad, estilo, guía, logotipo, gama cromática, materiales impresos de Marketing; como la empresa comunica su personalidad al mundo.

tP3. Publicidad

Incluye patrocinios, TV, impresos, radio y medios externos.

tP4. RP (Relaciones públicas) — RR.PP

Relaciones públicas "ganadas" en los medios tradicionales como pautas editoriales y recomendaciones y las relaciones públicas en internet en los medios sociales, están fuertemente conectados y alineados a este punto.

tP5. Ventas

Incluye el esfuerzo general de las ventas, como el servicio al cliente, acciones de telemarketing, desarrollo de negocios, llamadas potenciales a clientes (cold-calling) y presentaciones. También incluye los puntos de venta, tales como el merchandising o material promocional, la presentación de productos en góndolas y el impulso individualizado en las tiendas, mediante degustaciones y promotores de venta.

tP6. Eventos

Shows de la industria, conferencias, eventos corporativos, eventos de recaudación de fondos, "Street marketing" o Marketing de calle, movimiento de voluntarios, marketing de guerrilla, flash mobs, actuaciones y conciertos.

tP7. Marketing Directo (MD)

Comerciales informativos, correo Directo y TV directa.

El Contenido es la esencia
de la Personalidad de su Marca

NOTICIAS

Enunciado Interesante
Rompiendo Barreras

Recursos

Servicios

Negocios

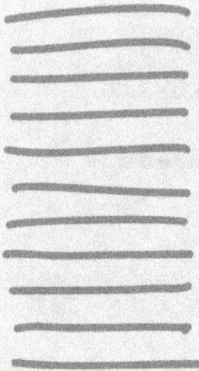

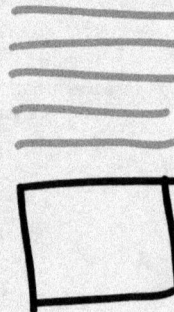

Pilar tradicional 1 [tP1]:

Contenido

Los pilares no han sido enumerados necesariamente por su nivel de importancia. Sin embargo, el Contenido es el Pilar número 1, tanto en el Marketing tradicional como en el escenario digital, por buenas razones que se exponen a continuación: un contenido de alta calidad es lo que le permite a las empresas en el Marketing tradicional la obtención de millones de dólares mediante la publicidad. Las personas quieren consumir un buen contenido y están dispuestos a ver, leer o escuchar la publicidad que lo provea.

> **Incluye:**
>
> Escritura creativa (Por ejemplo: libros, guiones y editoriales), escritura promocional, arte, fotografía (original o en stock).

El concepto de "Dueños de medios" se origina de este pilar; los escritores, productores, directores, inversionistas, actores, atletas y celebridades de toda clase que inspiren a la creación de un contenido (Tp1) y marcas (Tp2) con la finalidad de atraer grandes beneficios monetarios por publicidad. La secuencia triple, o 1-2-3 punch en inglés, es la característica diferenciadora del Marketing tradicional, la cual ha sido efectivamente copiada en la atmósfera digital.

El contenido tradicional cubre: la escritura creativa (Por ejemplo: libros, guiones y editoriales), escritura promocional, arte, fotografía (original o en stock) para la publicidad tradicional, programas de radio, programas de TV, películas, deportes, música y otras formas de ocio y entretenimiento. En muchos ámbitos la Tp1 es la más pura, creativa y artística expresión en el modelo completo de los 7 Pilares. Mucho del cual es producido, por su propio bien o conveniencia, más que un simple vehículo del Marketing. En efecto, la industria del Marketing ha sido formada alrededor de este centro de energía.

Ciertos tipos de contenido son más exitosos que otros, especialmente en la cultura occidental. Si el contenido es de fácil uso en publicidad, entonces las posibilidades de éxito financiero son mayores. Un ejemplo de esto se puede observar en el fútbol americano, en donde el 50% de un juego de aproximadamente tres horas se presentan comerciales, versus fútbol donde solo el 10% de un juego de 2 horas se destina a publicidad. No hay una mejor estrategia en Marketing que la creación de un contenido que cautive, alrededor del cual se pueda construir la marca utilizando modelos medibles de publicidad. Dicho esto, hay que considerar que no hay nada más difícil en Marketing y es justo ahí donde residen los mayores obstáculos a vencer.

Pilar tradicional 2 [tP2]:

Branding / Manejo de la Marca

El manejo de la marca o "Branding" tiene un alcance a todas los ámbitos del Marketing, incluyendo el digital. Es una de las áreas más interpretadas y simultáneamente, una de las más importantes del Marketing el "hacerlo correctamente" con la finalidad de obtener éxito. Algunas personas ven el Branding como un proceso sencillamente creativo: diseño del logotipo, anadir un "slogan" o lema, unas líneas adicionales y listo! No hay duda de que estos son elementos del Branding, pero sólo representan una pequeña parte del proceso.

La palabra "Brand" (Marca) se deriva del nórdico antiguo "brandr" que significa "quemar", evocando la práctica de ciertos productores de quemar o imprimir su marca en sus productos. Las empresas comenzaron el Branding de sus productos ya en el periodo védico en la India (1100 AC). Varios siglos después, desde la revolución industrial y en consideración a la producción en masa de las etiquetas de marca, las empresas comenzaron a describir las cualidades de sus productos con la finalidad de alcanzar algunos objetivos demográficos.

Las marcas se han refinado, segmentado y sofisticado con el paso del tiempo, como lo muestra periódicamente Wall Street, cuyo valor se manifiesta como un valor intangible sumado a las hojas de balance contable de las empresas. Hay mucho más que eso, mucho más que tener un logotipo único y reconocido globalmente que hace por ejemplo de Coca–Cola un ícono en el mercado de carácter multimillonario. Existen características psicológicas y emocionales en las que las compañías invierten billones de dólares en publicidad para engrandecer su marca.

El Branding comprende múltiples factores, tales como los atributos diferenciadores y únicos del producto incluyendo: el nombre, los símbolos, el tono y estilo de comunicación, tipografía, actitud, cultura y en general la personalidad asociada de la marca. Un buen Branding responde a ¿Cuál es la propuesta única de venta o USP? Mediante el desarrollo del reconocimiento de la marca en una audiencia específica. En el modelo de los 7 pilares, el manejo estructurado de la marca implica una autentica y creativa expresión de los valores de la empresa y la promesa de la marca.

Pilar Tradicional 3 [tP3]:

Publicidad

La publicidad es el pilar 3 en el Marketing tradicional y 4 en el Marketing digital. La publicidad tradicional (TA) incluye televisión, impresos, radio y publicidad de exteriores (Por ejemplo: vallas publicitarias, avisos en los paraderos o propiamente en el transporte público, entre otros); a pesar de la tendencia creciente y constante en el otro escenario, el de la publicidad digital, aún tiene una fuerte incidencia como pudo comprobarse viendo los registros y cifras durante el 2015, recibe una porcentaje considerable del presupuesto global de Marketing. La Publicidad (Tp3) está aquí para quedarse y está pasando por una era de renacimiento por sí sola.

> Inlcuye:
>
> Televisión, impresos, radio y publicidad de exteriores (Por ejemplo: vallas publicitarias, avisos en estaciones de espera del autobús o propiamente en el transporte público, entre otros)

Durante las etapas conceptuales y de planificación de la campaña de Marketing (Por ejemplo: modo 1 – brainstorming- Lluvia de Ideas; modo 2 – presupuesto y modo 3 - estrategia) usualmente la creación y ejecución de la publicidad son la más alta inversión en Marketing a considerar. Este factor puede ejercer presión para el equipo creativo al momento de creación de una campaña eficientemente que cree mucho ruido en los medios. El porcentaje correcto para Tp3 en un plan de Marketing puede variar desde un 0% hasta un 80%, dependiendo de los objetivos iniciales, el tamaño de la empresa, las oportunidades en el mercado y otras variables. Para una empresa nueva con $10,000 USD mensuales para invertir en Marketing, Blueliner generalmente ni siquiera se fijaría en la Publicidad tradicional. Sin embargo, hay excepciones, especialmente en el Marketing de negocios a negocios, donde el pilar tradicional (tP3) tiende a tener un costo menor y es asunto estricto de los responsables de las decisiones de negocios.

La mayoría de los Mercadologos, conocen la frase de John Wanamaker, "La mitad del dinero invertido en publicidad es mal gastado; el problema es que no sabemos cuál mitad". Esta es una situación no aceptada en la actualidad. El nivel de precisión con el que podemos medir el Marketing online, nos brinda una ventaja real frente a los medios de comunicación tradicionales. Los Mercadologos han medido la efectividad y el desempeño en canales tradicionales como TV y prensa; La TV por internet contribuye de manera significativa, así como CRM (I Cloud base), Hashtags, URL etc.

Pilar Tradicional 4 [tP4]:

Relaciones Públicas

Incluye:

Creación de kits de prensa para la distribución a los medios aliados: notas de prensa, noticias, exposiciones, ruedas y/o conferencias de prensa, comunicado de prensa en video (video news release) y en audio (audio news release), por sus siglas en inglés (VNRs/ANRs) correspondientemente y otros tipos de eventos periodísticos con carácter publicitario.

Las relaciones públicas son como un espejo de su contraparte en el escenario digital, los medios sociales. Estos dos pilares monumentales están directamente relacionados con algunas formas de promoción en medios ganados, también conocidos como earned promotion en inglés, sensibilización de marca, y manejo de la reputación.

Específicamente ¿qué son las relaciones públicas? En resumen, es el manejo no pagado, de comunicaciones estratégicas entre una empresa y el mercado objetivo o al público en general. Personalmente, suelo denominarlo "Una estrategia de Marketing de suerte" porque sus resultados pueden fluctuar. Las relaciones públicas efectivas de los individuos correctos o empresas, quienes tienen la historia correcta que contar, pueden generar increíbles retornos en la inversión (ROI) un impacto viral, superando las expectativas. Las relaciones públicas no ocurren realmente de la noche a la mañana y no es 100% necesaria en todas las empresas.

Los materiales para las relaciones públicas generados para distribución a los miembros de la prensa, notas de prensa escritas, noticias escritas, discursos escritos, exposiciones, conferencias de prensa, comunicado de prensa en video (video news release) y en audio (audio news release), por sus siglas en inglés (VNRs/ANRs) correspondientemente y otros tipos de eventos periodísticos con carácter publicitario.

Las Relaciones Publicas tienen su propia extensión en el Marketing Digital, las Relaciones Publicas online, las cuales no se corresponden a los medios sociales. Las Relaciones Publicas online promueven el contenido editorial mediante publicaciones (Huntington Post, CNN). Los medios Sociales están relacionados con las relaciones publicas online utilizando los grupos en Facebook y Twitter. En la actualidad las organizaciones de información tienen capacidad online como en formato tradicional, y los equipos de redacción pueden ser compartidos o separados. Los Mercadologos destacados en las Relaciones Publicas segmentan y maximizan sus contactos con la finalidad de llegar a una mayor audiencia.

Pilar Tradicional 5 [tP5]:

Ventas

Ninguna organización sobrevive sin las ventas porque estas forjan las relaciones de una empresa con sus clientes. EL CMR es un pariente cercano de la contraparte en Marketing digital; ambos se enfocan en el desarrollo y manejo de la relación con los clientes.

Las ventas cubren una serie de tareas y muchas más áreas de las que nos podemos imaginar. Por ejemplo, la comercialización en las tiendas (como los productos se presentan y muestran) es una función de las ventas, lo cual también está fuertemente relacionado con el manejo de la marca (Branding) (tP2). Sin embargo, este es el primer paso en el proceso de ventas. Una vez una empresa que recién inicia convence a los mayoristas de comprar sus mercancías, para que sean expuestas en las tiendas de venta al por menor, la empresa debe desarrollar una estrategia enfocada a los puntos de venta (POS) que incluya formas de educar a los gerentes de dichos establecimientos para captar la atención por el producto en medio de un mar de marcas ya existentes. Aun, con un manejo de marca excelente, los productos en las góndolas, no se venden por sí solos.

> Incluye:
>
> Utilización de contactos, telemarketing, llamadas de ventas, material promocional en los puntos de venta o merchandising, Sistemas de Puntos de venta (POS), servicio al cliente, reuniones de ventas, presentación y desarrollo de estrategias por referencias.

Vamos a establecer este tema de una forma definitiva. Las ventas son parte esencial del proceso del Marketing y no puede ser evitado. Se ha ganado su puesto en los 12 pilares del modelo integrado del Marketing, recuerde: Tradicional+Digital= integrado, pues están conectados estrechamente y en su totalidad con los otros pilares.

Las ventas orientadas a las personas han sido uno de los grandes beneficios de la revolución digital gracias a la gran cantidad de información y herramientas inteligentes de negocios que hacen nuestro trabajo una labor más sencilla y digerible. Este pilar tradicional ha sido reforzado y amplificado por el internet; a continuación, el ejercicio lo demostrará.

Pilar Tradicional 6 [tP6]:

Los eventos de Marketing

Incluye:

Ferias de la Industria, conferencias, seminarios, ferias en la calle, conciertos, presentaciones de artistas, presentaciones improvisadas o Flash Mobs y otras formas de Marketing de guerrillas o de raíces.

Es un acontecimiento pre-planeado que se realiza en vivo, de carácter promocional o educacional y con una presentación o programa establecido. Se incluyen ferias de la industria, conferencias, seminarios, ferias en la calle, conciertos, presentaciones, presentaciones flash (flash Mobs) y otras formas de Marketing de guerrillas o Marketing de raíces. Naturalmente, la tecnología digital ha posibilitado un mayor alcance al público de interés por eventos de este carácter. Esto incluye características secundarias como promociones basadas en la ubicación móvil, transmisiones en vivo, la visualización de medios sociales en vivo, presentación de productos en páginas web, consumo colaborativo (cuando un grupo de amigos ve un evento "juntos" en localidades separadas) y seminarios en línea (webinars).

Personalmente, tengo gran respeto a los eventos de Marketing, pues es la estrategia de Marketing tradicional más efectiva, converge en un espacio el público cara a cara. Los eventos en Marketing, en muchos sentidos son una extensión bilateral de las ventas, el branding y la publicidad. Es la oportunidad de destacarse en frente de clientes potenciales en un ambiente que es factible para la exposición de productos y servicios, a la vez que se enseñan las mejores tendencias y prácticas de la industria.

Así como en los demás pilares, "el presupuesto correcto" para los eventos depende de las empresas involucradas, el estado de la industria, los objetivos, el tipo de audiencia, el presupuesto general de Marketing y otras variables. Si su trabajo es una línea de productos visuales (Ejemplo: una combinación de tacto, visión o mix de sentidos) es recomendable su participación en eventos de la industria que le permita contactar compradores potenciales dentro de la industria. La producción de eventos pertenece al Pilar 6 (Tp6) requiere de tiempo, energía y habilidades especiales. Las empresas deben planear, presupuestar todas las acciones relacionadas con el evento (pre y post evento).

Pilar Tradicional 7 [tP7]:

Marketing Directo

El Marketing directo es un método utilizado para llegar al público objetivo con bajo costo, con relación a otros pilares tradicionales. Es análogo al email marketing, el cual es parte del CRM (P5) y en general utiliza un banco de datos fuera de línea, apuntando a un público objetivo de clientes potenciales.

> **Incluye:**
>
> Medios de Respuesta directa (TV & Radio), info-comerciales, correo directo, catálogos, Artículos promocionales.

El correo directo es la forma más usual del Marketing directo, en esta era del correo electrónico y bombardeo tecnológico, el público generalmente tiende a leer sus correos sin prestar atención a la carpeta de SPAM. Esto provee a los negocios locales, nacionales e internacionales la oportunidad de obtener una respuesta de una audiencia cautiva. Cuando alguien le envía a usted una encomienda o un paquete via Fedex por ejemplo, usted generalmente lo abrirá y verá de qué se trata.

El correo directo emplea un listado o información del CRM de la empresa para segmentar la audiencia, geográficamente y demográficamente por el comportamiento previo (por ejemplo: si han comprado algún tipo de productos o visitado ciertos lugares, etc.) y personalizando así el mensaje con ofertas que generalmente van dirigidas a dichas audiencias. En Blueliner, tenemos un vendedor para artículos promocionales de ferias y shows, que mensualmente nos envía nuevas muestras con logos adornados y ciertamente ¿adivine a quien llamamos cuando necesitamos artículos promocionales? Sí, acertaste.

El Marketing directo incluye teleMarketing y ventas de puerta a puerta, el cual sobrepasa las ventas (tP5). Otras técnicas de Marketing también hacen parte del Marketing directo, que al ser combinado con los otros pilares, como por ejemplo TV de respuesta directa (TV Direct Response o DRTV) y radio, que son técnicamente medios de publicidad pagada (tP3). Ampliando el espectro, un camión de venta de comida o puesto de limonada es una mezcla entre Marketing directo y Marketing de eventos.

El Dojo del Marketing:
Donde los Samuráis Desarrollan su Arte

Los 7 Modos

Los 7 Modos o etapas del Marketing integrado representan la segunda dimensión del sistema de los 7 pilares. Los modos se usan casi en cualquier proceso de consultoría o proyecto y desde luego en todo el marketing, tanto en digital como tradicional. A las "etapas" se puede hacer referencia cuando el propósito de un proyecto tiene una progresión lineal que es posible en operaciones muy estructuradas. El término "modos" tiene más sentido como la designación oficial porque las "etapas" pueden y -sucede con frecuencia- sobreponerse, suceder fuera de un orden secuencial y ser bastante constante a través del proyecto.

Los modos son de gran importancia en el proceso global de marketing ya que cada modo es relevante para cada pilar. Los modos existen fuera de los pilares y después se cruzan, creando una cuadrícula de dos dimensiones llamado la matriz 49. La icónica matriz 49 es una de las herramientas más intuitivas visualmente y estratégicamente efectiva que ofrece el marco de los 7 pilares. Antes de pasar a los modos, es importante evaluar si cualquiera de las etapas está completamente establecidas por diversas razones políticas o preferencias de gestión. Por ejemplo, puede haber un equipo (M4) y un presupuesto (M2) ya asegurado, lo que contesta algunas preguntas claves y da más atención a otras áreas del proyecto como la estrategia (M3).

Algunos puntos con relación a los modos para tener en cuenta:

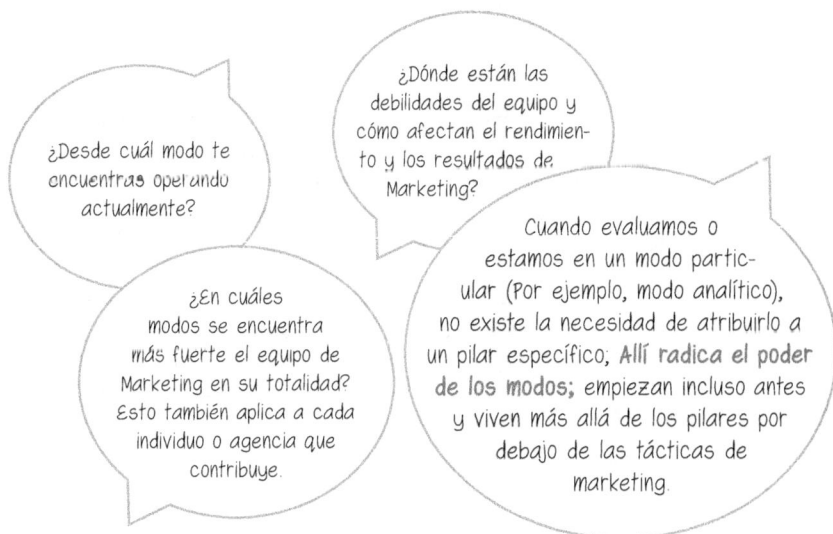

¿Desde cuál modo te encuentras operando actualmente?

¿Dónde están las debilidades del equipo y cómo afectan el rendimiento y los resultados de Marketing?

¿En cuáles modos se encuentra más fuerte el equipo de Marketing en su totalidad? Esto también aplica a cada individuo o agencia que contribuye.

Cuando evaluamos o estamos en un modo particular (Por ejemplo, modo analítico), no existe la necesidad de atribuirlo a un pilar específico; Allí radica el poder de los modos; empiezan incluso antes y viven más allá de los pilares por debajo de las tácticas de marketing.

Modo 1: Lluvia de ideas o Brainstorming

Sinónimos:

Descubrimiento, concepción de la idea, etapa de investigación, circulación libre de ideas, preguntas y respuestas, exploración.

El modo de lluvia de ideas implica la recopilación y generación de todo tipo de ideas e información relacionado con la visión en cuestión y como esta se puede alcanzar. Esto incluye la investigación y recopilación de datos de diversas fuentes, tales como noticias y posts en las páginas web relevantes de la industria.

Es un modo de pensar muy importante para acceder a las etapas iniciales de cualquier proyecto, sin embargo, no termina ahí. La lluvia de ideas continúa a través de este, mientras aumenta el aprendizaje y se pulen las ideas. Cualquier idea puede articularse en este modo! No se deberían tomar decisiones de lo que corresponde o no.

La concepción de la idea puede hacerse colaborativamente en tiempo real a través de 'sesiones de lluvia de ideas', que pueden seguir todo tipo de formatos o asincrónicos, es decir, que no ocurren de forma simultánea como las cadenas de correos electrónicos; también se puede hacer de forma individual. Las opiniones tienden a ser extremas en este modo, especialmente cuando se aplican a los pilares 1 (Contenido) y 2 (Diseño) que pueden ser muy subjetivas. Este modo puede ser divertido para la mayoría de personas pero puede enloquecer a algunas, incluyendo los que quieren organizar y resolver todo.

Tener éxito en el dominio de cada pilar depende fuertemente de tener buenas ideas - ser creativo, reflexivo y siempre que sea posible, único - en vez de tomar un molde al enfoque de marketing. Esto se produce de forma natural cuando hay personas con ideas efectivas en su equipo.

Todas las mejores compañías e ideas en el mundo han nacido en el modo 1. Aquí es donde la ocurre la magia de la inspiración. Sin embargo, tenga en cuenta que ejecutar demasiado rápido el presupuesto y la estrategia sin adjudicar suficiente energía para el proyecto en equipo en el Modo 1, puede ser la fórmula para el marketing obsoleto y sin inspiración.

Consejos para lluvia de ideas:

1) Destine un tiempo individual y grupal para tener una lluvia de ideas. Intente evitar el pensamiento grupal en el que la evaluación crítica se suprime.

2) Tenga una perspectiva diferente. Póngase en los zapatos de la competencia, de un niño, gerente, coach, etc. y tenga en cuenta cómo ellos podrían abordar este asunto.

3) En vez de escribir sus ideas, haga un dibujo o un bosquejo de ellas.

4) Cree un "mapa de ideas" que conecte sus pensamientos.

5) Tenga en cuenta cómo abordaría el problema en un periodo de tiempo diferente (Por ejemplo: hace cinco años o cinco años en el futuro).

Es importante mencionar:

La lluvia de ideas también conocida como brainstorming (MI), es generalmente un modo poco estructurado mientras que los modos como analítica (M7), son usualmente más estructurados.

1) Estructurado = organizado = pre-planeado = procesos repetitivos.

2) No estructurado = ágiles = fluidos, orgánicos y con un enfoque receptivo = menos lineal.

Ninguno de los dos es necesariamente "correcto" o mejor. Algunas circunstancias y equipos se benefician por ser más estructurados mientras que ciertas campañas y productos son mejor comercializados en un formato no estructurado. Algunas personas se desarrollan en ambiente estructurados, mientras que otros lo hacen mejor cuando hay mayor flexibilidad. Después se explorarán cuáles son los tipos de personalidades en Marketing (MPTs) y los ángulos más efectivos en modos particulares. (Por ejemplo, tipos de analistas financieros ideales para el modo de presupuesto).

Modo 2: ROI

Sinónimos:

Establecer objetivos, presupuesto, planeación del retorno a la inversión, indicadores claves de rendimiento y metas.

El modo 2 es donde desarrollamos y aseguramos las metas a futuro con los presupuestos asociados. Están estrechamente relacionados con el punto de vista financiero (mirar el capítulo sobre la dimensión 4, Ángulos, para más detalles) aunque ésta no es en absoluto una función puramente financiera. El establecer objetivos puede y debe ser un proceso creativo e inspirador.

Hay tantas variables que afectan el retorno a la inversión (ROI) desde la evolución de la competencia hasta unos canales de marketing que parecen interminables, que pueden ser desalentadoras para desarrollar y comprometerse con objetivos tangibles. El primer paso es determinar cuales son sus indicadores claves de rendimiento (KPI's) y si la organización tiene una registro sobre el cual evaluar éxitos y dificultades del pasado. Este proceso de auditoría pertenece parcialmente al Modo 7 (Analítica) que es más anticuado.

Con base en el comportamiento histórico y el actual modo de pensar de los principales accionistas (es decir, los que toman las decisiones en la organización), el Modo 2 requiere un compromiso específico con el presupuesto que se atribuye a la consecución de objetivos. Los accionistas y la gerencia tienen que colaborar en responder a las preguntas específicas para períodos futuros (es decir, un trimestre, año, un plan a 3 años) tales como:

¿Cuánto dinero se quiere obtener? (Objetivo de ventas)

¿Cuál es el costo de adquisición de público objetivo (por canal)?

¿Cuál es el crecimiento del tráfico en la página web proyectado?

¿Cómo planeamos asignar el presupuesto para los diferentes canales de marketing?

Aquellos que pasan tiempo perfeccionando este modo, obtienen conocimiento o insights profundos y una habilidad exacta para predecir claves integrales en diversas tácticas de marketing (por ejemplo, las tasas de conversión de pago por click y el impacto en las redes sociales.

Este es una de las tantas plantillas que han sido desarrolladas bajo la metodología de los 7 Pilares, las cuales están disponibles para descargar en formato PDF y Excel @ www.7pillarsdigital.com/roi or /m2.

Asignación del Presupuesto, Trafico Estimado & Medidas de Rentabilidad

	Enero 2016	Feb 2016	Marzo 2016	Total (3 Meses)
Tarifa de Medios (contratistas)				
Tarifa de Agencia Fees				
Costo del Equipo interno				
Trafico Objetivo en la Página Web				
Clientes potenciales				
Clientes/ Ordenes				
Beneficios				

Modo 3: Estrategia

Este modo entra en vigor cuando el proyecto está en progreso. En este punto, las ideas están bien formadas y organizadas además de las áreas como presupuesto y objetivos que están casi finalizadas. Ahora es el momento de una investigación más enfocada y la planeación de tácticas para la campaña. Aquí se deben tomar algunas decisiones difíciles, porque muchas de las "sería bueno tener" características e ideas son cortadas debido a limitaciones presupuestarias o decisiones estratégicas para enfocarse en las áreas más fructíferas.

La estrategia implica la creación y la articulación de un plan de marketing (utilizando uno o más pilares), con base en toda la información proporcionada y encontrada a través de los otros modos. Se requiere un alto nivel de pensamiento crítico y habilidades comunicativas para transmitir el enfoque efectivamente a todos los que están involucrados en el proyecto.

Asi como la lluvia de ideas (M1), la estrategia es con frecuencia es omitida o reducida, usualmente como consecuencia de la impaciencia (Por ejemplo, "no nos podemos darnos el lujo de esperar") la arrogancia (Por ejemplo, "no necesitamos planificar") o la falta de entendimiento (Por ejemplo, la estrategia de razonamiento es simplemente seleccionar qué tácticas de marketing se van a emplear); el resultado de ese pensamiento es lo que se denomina "marketing errático" que esencialmente es incierto y en gran parte improductivo.

"No podemos darnos el lujo de esperar"

"Nosotros no necesitamos un plan"

La estrategia se puede considerar como el primer paso en la ejecución (M6) pero está asignado como los últimos pasos en planeación. Es imperativo tener una idea de cómo las estrategias tácticas específicas (Por ejemplo la Estrategia SEO) podrían impactar la estrategia global de Marketing. El dominio del conocimiento es de vital importancia aquí, ya que las estrategias que funcionan en una industria no necesariamente se trasladan bien a las otras. Una buena estrategia requiere un conocimiento de los segmentos de mercado que son más prometedores y de los recursos existentes, pueden ser aprovechados eficazmente para apuntarle a los segmentos.

La Siguiente Tabla es una de las tantas estrategias SEO utilizadas en el Sistema de los 7 Pilares. Puede encontrar más @ www.7pillarsdigital.com/m3

	Empresa ejemplo - Joe's Tienda de Zapatos	¿Porque es esto importante?	Estrategia
Listado Palabras Claves	Zapatos, Zapatos deportivos, Zapatos en Piel, Zapatos de vestir, Zapatos ortopédicos	Colocación de la página Web en los motores de búsqueda, cuan relevante es el contenido de la página en relación a las palabras claves.	Utilice el sistema de palabras claves en los 7 Pilares dando prioridad las 100 más relevantes palabras, mezcladas en oraciones largas, términos de búsqueda específicos (ejemplo Zapatos Italianos en piel marrón para hombres).
Enlaces	www.fashionweek.com/shoes, www.zappos.com/custom-shoes-partners	El SEO fuera de la página juega un papel más importante para determinar la relevancia de su página en los motores de búsqueda. Mejor calidad en enlaces = más votos de confianza en los motores de búsqueda.	Contacte un experto en modas(Fashionista) con un blog, activos en los medios sociales, y obtenga reseñas de su producto con imágenes y enlaces a su pagina web.
Blogging	¿Cómo se fabrican sus zapatos ¿ - Detrás de cámara - ; Protección ambiental.	Blogs bien redactados atrae usuarios da la oportunidad a otros de encontrar contenido de calidad en los diferentes motores de búsqueda.	Utilice imagenes y videos con palabras que inspiren la audiencia objetivo, permítales acceso al centro de su empresa, creando una conexión personal, no fría y corporativa.
Análisis ICR's	Incrementar el tráfico de búsqueda de forma Orgánica a un 200%, Obteniendo como mínimo el lugar 25 en el Google Ranking (Dentro de los 6 primeros meses).	Monitoreo constante del ebb y el flujo orgánico de tráfico y evaluación de las palabras claves informando cambios estratégicos que podrán ser necesarios.	Utilice tablas de datos y formas para reportes de SEO, herramientas como MOZ u Brightedge, para actualizar las palabras claves trimestralmente y generar nuevas ideas para el contenido.

Modo 4: Gente - Recursos Humanos

Sinónimos:

Equipos, formación de equipos, reclutamiento, recursos humanos, casting, recursos, cazatalentos y gestión de desempeño.

El modo 4 involucra asuntos de recursos humanos y decisiones relacionadas con los roles dentro de los proyectos de marketing y específicamente en cada pilar. El modo 4 representa el reclutamiento, la formación de equipos, análisis, deberes, incentivos, gestión y evaluación de las personas involucradas en el proyecto. A partir de estas áreas surgen muchos interrogantes. ¿Quién puede ejecutar la estrategia? ¿Cuál es la mezcla adecuada de personal con base en su nivel de habilidades, ubicación, entre otros? ¿Cómo las personas y la dinámica del equipo impactan la planificación y el retorno a la inversión (ROI)?

Todo el modelo de los 7 pilares depende completamente de las personas. De hecho cada pilar, cada sección y cada táctica de marketing se asemejan a las células del cuerpo, una entidad holística o persona. La Matriz 49 es una analogía de personas trabajando juntas y simultáneamente, cada una con un rol fundamental que desempeñar en el panorama general. Este modo crucial siempre debería estar "encendido" en algún sentido. Es muy común tener la persona "equivocada" haciendo algo que no es lo que mejor para ellos o para la campaña, y tener una estructura de incentivos poco estimulante.

Las credenciales son naturalmente imprescindibles. Es necesario contar con personas con un sólido nivel de habilidad y experiencia a lo largo de todos los pilares pertinentes. Supongamos que se está trabajando en la construcción de un equipo de marketing de contenido (es decir una intersección entre el pilar 1 y el modo 4, etiquetada como sección 1.4 en la Matriz 49). La sección 1,4 es acerca de las personas que crean contenido para una página web, campaña de marketing y una estrategia global de marketing digital. Por consiguiente, queremos "Creadores de contenido" hábiles y redactores creativos o copywriters que sean narradores efectivos, preferiblemente con experiencia en nuestra industria.

La química es igualmente importante. Si las partes interesadas quieren en realidad darle forma a la historia pero ellos mismos no tienen una buena energía con los creadores de contenido, las mejores historias no serán contadas.

Administración Efectiva M4

Crea Equipos Exitosos

Modo 5: Herramientas

Sinónimos:

Tecnología y sistemas.

El modo 5 se refiere a las herramientas y tecnología que se puede utilizar para organizar, gestionar y analizar diversos tipos de marketing y desarrollo de páginas web (Por ejemplo, salesforce.com para la relación con los clientes (CMR, Mailchimp para el correo electrónico, Wordpress para gestionar los contenidos de una página web y Google Adwords para publicidad en línea). Escoger las herramientas adecuadas, con base en los presupuestos de los proyectos (Modo 2) y de las personas involucradas (Modo 4) puede ahorrarle a un equipo cientos de horas de tiempo "perdido", esfuerzo manual y de este modo tener un papel importante en el éxito de la campaña.

Surgen muchas preguntas:

¿Qué herramientas prefiere el equipo actual o con cuáles se sienten más cómodos para trabajar?

¿Quién está a cargo de evaluar la efectividad del portafolio actual de herramientas, así como los potenciales?

¿Existe algún presupuesto para capacitar al personal en nuevos sistemas? Aumentando de esta manera la eficiencia y las ideas de la campaña?

¿Cuál es el nivel de automatización con el cual nos sentimos confortables vs. el esfuerzo manual y las comunicaciones con los clientes?

En esta época de aplicaciones de productividad, la accesibilidad móvil y programas "SaaS" en la nube (cloud), los profesionales del Marketing son bombardeados todo el tiempo con promesas de lo que será el "próximo gran avance". Esto puede causar un poco de "fatiga de aplicaciones" y tener un efecto contrario; puede hacer un equipo menos eficiente, porque siempre están en búsqueda de las herramientas "perfectas" para resolver los problemas de sus negocios, en vez de hacer estimaciones con los que ya están siendo utilizados dentro de la organización. Se recomienda no seguir esta fantasía; mantener lo simple, experimentar antes de suscribir o adquirir nuevos software o sistemas, asegurarse de que las personas clave se conviertan en usuarios consolidados y permanezcan comprometidos con un conjunto compacto de herramientas que optimizan el proceso.

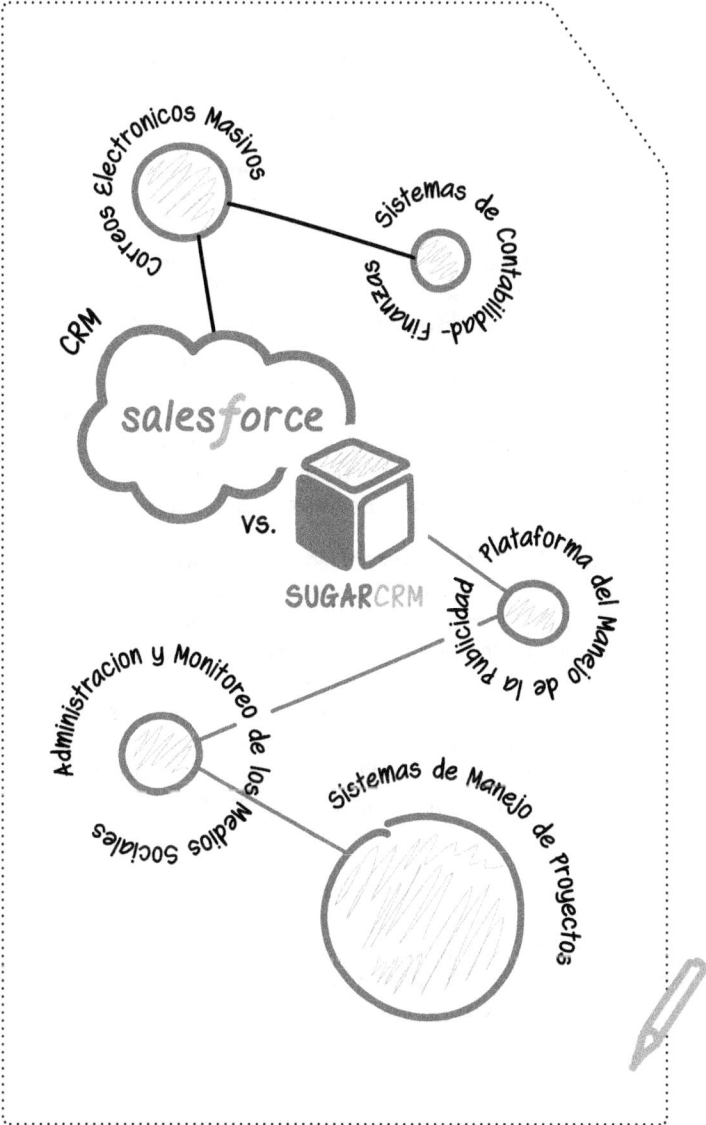

Modo 6: Ejecución

Sinónimos:

Implementación,
producción y
entrega.

La ejecución se refiere propiamente hacer al trabajo táctico. Con las personas, presupuestos, herramientas y estrategias en su lugar, el Modo 6 es donde se pone a prueba. Si el marketing digital fuera una liga deportiva, este sería el día del juego real.

Todos los demás modos hacen referencia a algún tipo de preparación previa al juego (Por ejemplo, práctica y borrador) o análisis posterior al partido (Por ejemplo, ver la grabación del juego y calificar el desempeño). La ejecución presenta una distinción entre la administración -las personas gestionando el trabajo- y la implementación -las personas que realizan el trabajo-. En startups, empresas más pequeñas y agencias, la línea es muy delgada; como gerentes de proyectos también hacen el trabajo práctico en simultáneo mientras dirigen proyectos. Personalmente creo en gerentes activos, contrario a los que delegan y no se involucran. Si se aleja mucho del trabajo práctico, es una forma rápida de volverse anticuado y obsoleto.

Aquí puede observar la interconexión de los modos. ¿Cuáles son las probabilidades de una ejecución efectiva, si otros modos o "etapas" no recibieron el combustible apropiado. Por ejemplo, imagine que se saltaron la lluvia de ideas, el presupuesto se redujo, la estrategia se dejó incompleta, las personas se comprometieron a media escala y las herramientas aún no se decidieron; un equipo de ejecución muy fuerte inclusive, tendría problemas si no tiene control de la situación; es algo que sucede todo el tiempo, que cuesta dinero y toma un cierto enfoque para alimentar adecuadamente y hacer malabares con todos los modos.

Lo contrario también es cierto; conseguir organizar otras etapas de manera adecuada y ejecutarlas pobremente puede arruinar el mejor de los planes. La buena noticia es que todo, especialmente los problemas de ejecución, se pueden corregir y enseñar, si los accionistas permanecen objetivos y comprometidos con el éxito.

Si Ya Tiene el Plan, No lo Piense Mas, ¡Ejecútelo!

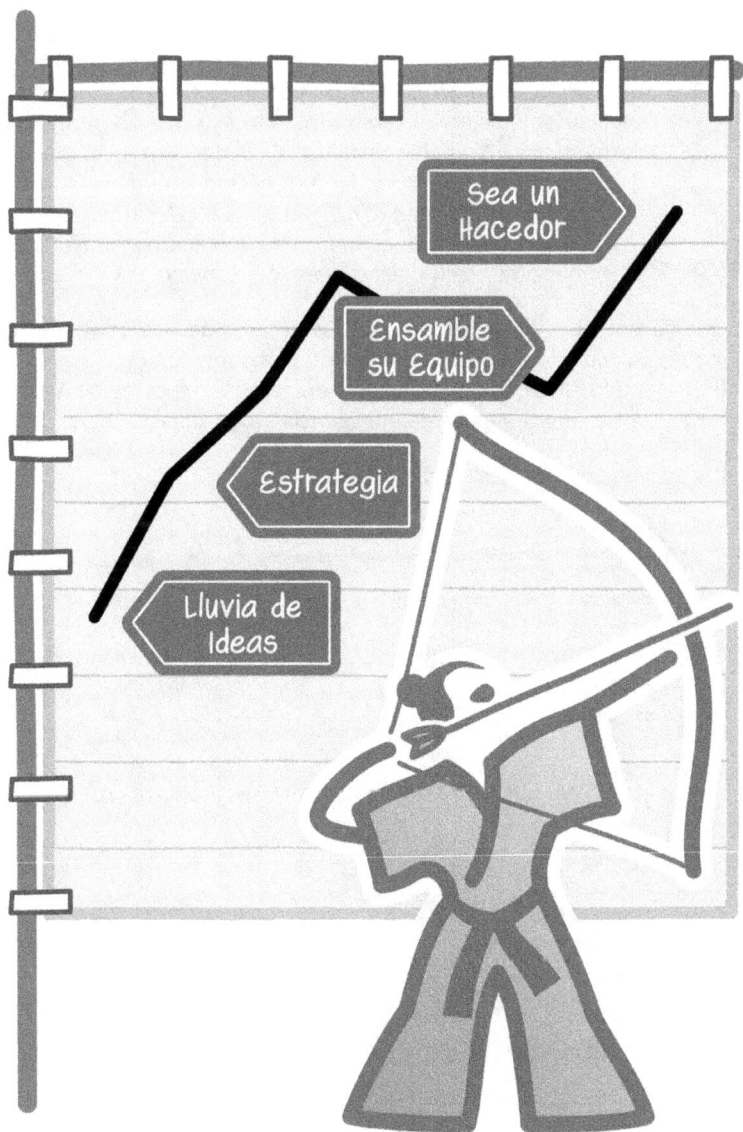

Modo 7: Análisis

El último modo que puede llevarse a cabo hasta cierto punto a través del proceso completo de marketing, se refiere al análisis de la campaña y la generación de recomendaciones con propósitos de optimización. Los análisis se pueden vincular al cerebro humano ya que ahí reposa la memoria y la mente analítica. El análisis involucra dar un vistazo objetivo a toda la información y señales a través del proceso de marketing y cualquier pilar que se haya utilizado. Este modo es vital para hacer juicios, revisiones y tomar otras decisiones críticas con respecto a la campaña.

Google Analytics es uno de los centros de actividad típica para este modo, así como lo son Google Adwords, software para Ranking SEO, (Por ejemplo: Moz, BrightEdge, Conductor) los reportes de Excel, Domo y otras herramientas de inteligencia empresarial.

Las actividades analíticas clave incluyen:

Determinar la manera en la que se va a medir el éxito ¿cuáles son sus indicadores claves de rendimiento? Esta conversación comienza en la Etapa 2 (Planificación del Retorno a la inversión ROI) pero de hecho, es aquí donde los equipos comienzan a medir el desempeño del marketing.

Establecer para la revisión de la campaña el programa y la hora a la que se evaluarán y se medirán los indicadores claves de rendimiento.

Elegir una persona responsable y otros accionistas como auditores, del propio u otro equipo (por ejemplo: usted es una agencia viniendo a reemplazar a otra agencia).

Cada modo incluyendo el Análisis, es un modelo a pequeña escala de todo el proceso de marketing, por tanto es algo que compete a todos los modos (por ejemplo: el análisis necesita lluvia de ideas, estrategias, suficiente presupuestos y una buena ejecución, así como el análisis de su desempeño. Este modo también necesita de personas competentes y herramientas adecuadas en su lugar. De esta forma el análisis (M7) se asemeja más a los pilares; esto puede tratarse como una categoría independiente de marketing.

Ejercicio de Auditoría
(Ejemplo Análisis de campaña de relevo):

La agencia anterior fue abruptamente despedida y su equipo ahora está listo para hacerse cargo de una campaña que está en marcha. ¿Qué necesita saber?

1) ¿Cuál fue el soporte de reporte de la agencia anterior y los tiempos? Obtener tantos soportes históricos como sea posible, para estudiar cuál fue el punto de partida y los resultados que se han tenido?

2) Adquirir el acceso a Google Analytics de forma inmediata y ejecutar un reporte de tendencias de tráfico histórico del año anterior.

3) ¿Ha habido un grupo de estándares comparativos o benchmarks en su sitio anteriormente? De cualquier forma, trabaje con el cliente para crear uno nuevo benchmark que todos puedan asumir.

4) ¿Cuáles han sido los anuncios creativos que han tenido un mejor resultado de lo esperado?

5) ¿Cuáles son los resultados actuales de Pago por click (PPC) y Coste por mil (CPM)?

6) ¿Cuántos profesionales de marketing cualificados se necesitan en estas cuentas y de cuáles disciplinas?

7) Revisar los reportes de la relación con los clientes (CRM) y EMS (Marketing por correo electrónico) para evaluar el grado de eficacia del compromiso en la base.

La Matriz 49
en Juego

p1 Contenido
PILAR 2 Diseño
p3 Búsqueda
p4 Medios
p5 CRM
p6 Social
p7 Móvil

MODO 1 Lluvia de ideas

m2 ROI
m3 Estrategia
m4 Personas
m5 Herramientas
m6 Ejecución
m7 Analíticos

p2 Diseño
m1 Lluvia de ideas
Nivel 7 Nivel de Maestro

Mark

Misión: Desarrolle un concepto infográfico interactivo con APIs a Google Maps y Twitter.

Fecha de vencimiento: 4/10/15

Info: 30 hr/wk

Posición: Diseñador gráfico

Equipo: Julie (Gerente de proyecto)

Para modelos en blanco de la Matriz 49, visite www.7pillarsdigital.com/matrix

La Matriz 49 puede visualizarse como un tablero de ajedrez de 7 dimensiones, en el cual se puede avanzar en el juego estratégico de marketing. Es una herramienta de visualización multi-propósito que proporciona un mapa del universo del marketing digital. Las primeras dos dimensiones (7 pilares x 7 modos) generan 49 bloques o elementos de Marketing que los profesionales de Marketing y ejecutivos deben captar.

La Matrix 49 proporciona una estructura eficaz para la organización del conocimiento en Marketing. Tiene muchos usos prácticos, sobre todo como plantilla para auditorias y planes de marketing para individuos, agencias, campañas, proyectos, paginas web y productos. Aquí puede encontrar una lista parcial de las aplicaciones para la Matrix 49 que ayudan a los profesionales de Marketing con sus esfuerzos de evaluación y planeación:

La aplicación de la Matrix 49 puede ayudarte a:

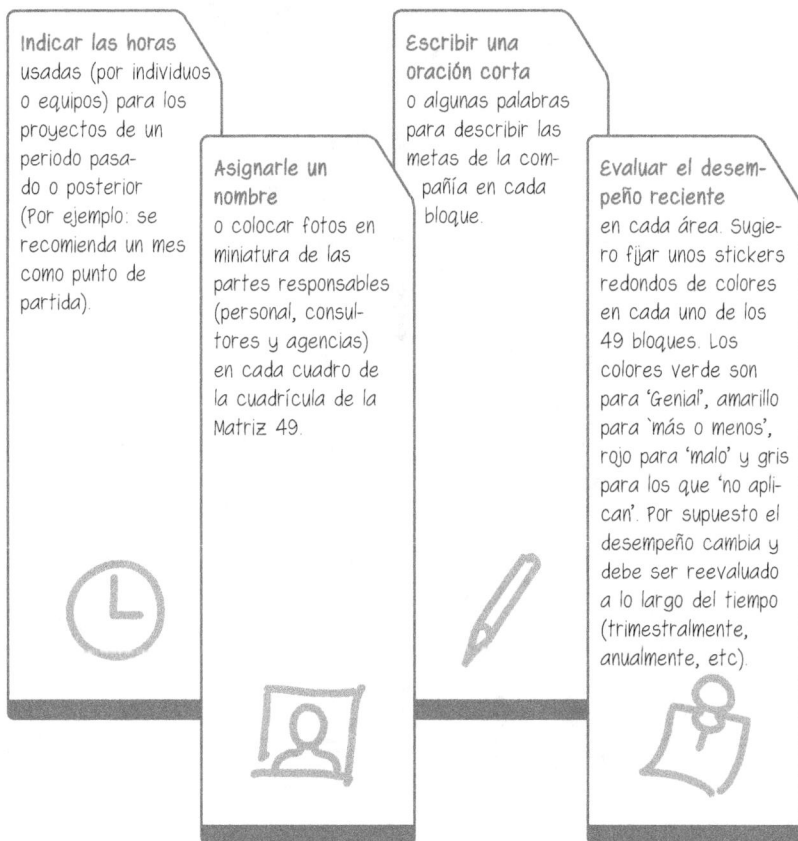

Indicar las horas usadas (por individuos o equipos) para los proyectos de un periodo pasado o posterior (Por ejemplo: se recomienda un mes como punto de partida).

Asignarle un nombre o colocar fotos en miniatura de las partes responsables (personal, consultores y agencias) en cada cuadro de la cuadrícula de la Matriz 49.

Escribir una oración corta o algunas palabras para describir las metas de la compañía en cada bloque.

Evaluar el desempeño reciente en cada área. Sugiero fijar unos stickers redondos de colores en cada uno de los 49 bloques. Los colores verde son para 'Genial', amarillo para 'más o menos', rojo para 'malo' y gris para los que 'no aplican'. Por supuesto el desempeño cambia y debe ser reevaluado a lo largo del tiempo (trimestralmente, anualmente, etc).

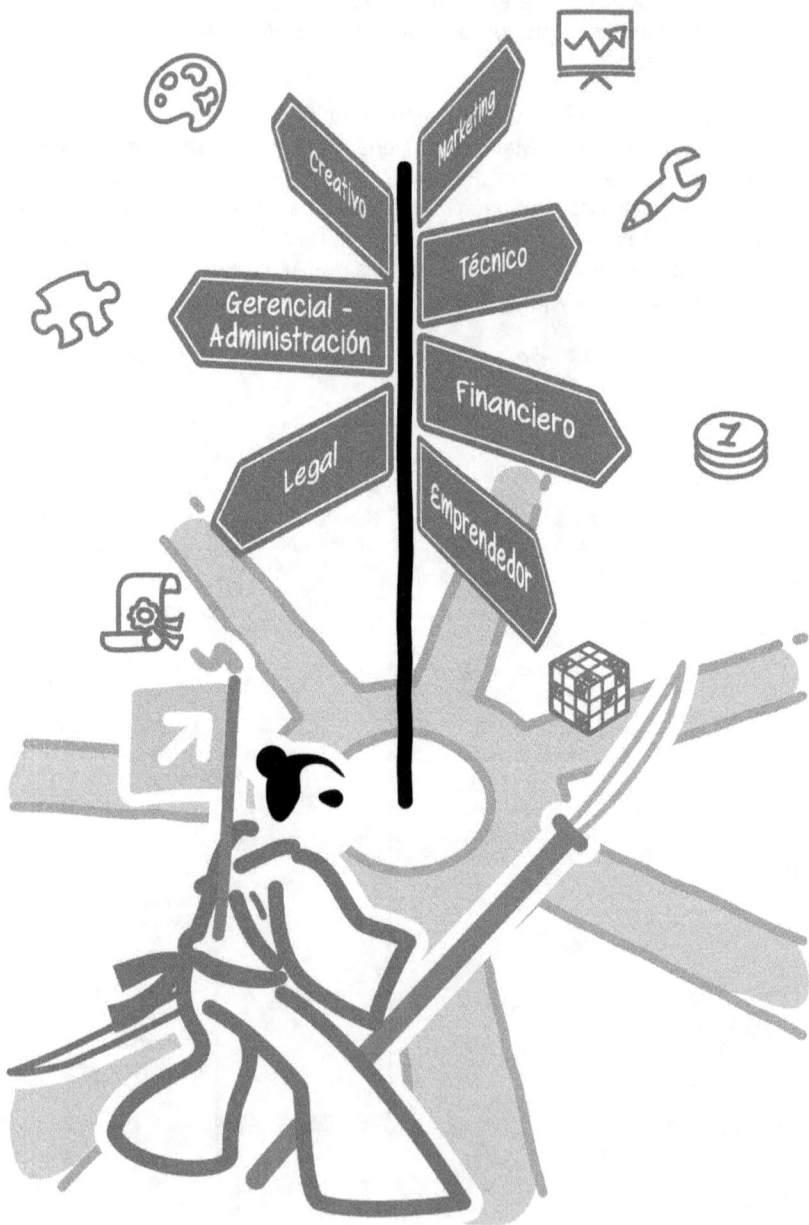

Una Trayectoria Profesional

Los 7 Ángulos [o Trayectoria]

Visualice una gran pirámide en la cima de la matriz número 49, donde los pináculos representan la culminación del conocimiento en Marketing digital. Los ángulos representan las diferentes percepciones o formas de llegar a la cúspide de la pirámide. Cada individuo escoge la mejor forma de ascender en la pirámide, es decir, desarrollando sus habilidades ya sea directamente o abordando de otras maneras.

Existen 3 Ángulos planos, los cuales corresponden a los cuatro lados principales de la pirámide; y cuatro ángulos agudos, los cuales corresponden a las cuatro esquinas de la pirámide (observe el diagrama más abajo). Los ángulos planos tienen más precisión en Marketing, amplias oportunidades profesionales, generalmente más actividades y van dirigidos a una mayor cantidad de gente. Mientras que, los ángulos agudos están formados a base de componentes críticos, habilidades más específicas y especializadas que ayudan a dar forma y organizar los pilares, consecuentemente, el universo del Marketing.

Vista aérea de la Pirámide y sus Ángulos (Ángulos y Niveles)

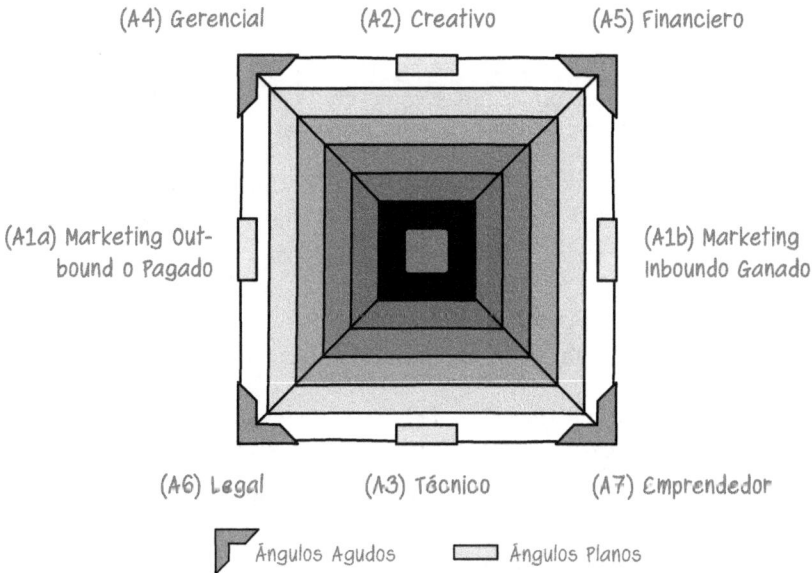

(A4) Gerencial   (A2) Creativo   (A5) Financiero

(A1a) Marketing Outbound o Pagado   (A1b) Marketing Inboundo Ganado

(A6) Legal   (A3) Técnico   (A7) Emprendedor

Ángulos Agudos   Ángulos Planos

Generalmente, tiene más sentido el enfocarse en 2 o 3 ángulos; de otra manera, es posible que el individuo se estanque en ciertas áreas de su carrera profesional, forzándose a reinventarse.

Ángulo 1 [A1]: ☐ Plano ☐

Marketing

Incluye:

Compradores de medios, gerentes de búsqueda pagados, estrategas, desarrollo de productos, escritores, especialistas de medios sociales.

El ángulo 1 es el más popular y diversificado dentro del ecosistema de los 7 pilares, debido a que naturalmente este es un sistema de Marketing. Las personas que han decidido hacer de este camino su principal, generalmente no son programadores o diseñadores. Su valor proviene mediante un instinto promocional, lo que es necesario para poder construir una marca y generar ventas. Son puros profesionales en Marketing (Por ejemplo: estrategas, desarrolladores de producto, compradores de medios, escritores y en general aquellos que ejercen actividades de Marketing no técnicas). Su energía está orientada a la comunicación, presentación y ventas de ideas. Su objetivo principal es la generación de ventas y elevación de la conciencia de marca, mediante su trayectoria o conocimiento de medios ganados el cual se puede compartir con este ángulo plano en dos dimensiones o enfoques diametralmente opuestos.

A1a) Medios pagados y Marketing hacia fuera. Este enfoque incluye técnicas publicitarias como el "Pagar por Clic" ya que por este canal, debemos pagar por pautas.

A1b) Medios ganados y Marketing hacia dentro. Este enfoque incluye técnicas como el SEO, porque aquí, ganamos pautas mediante esfuerzos creativos no pagados.

Sugerencias

1) Experimente con diferentes herramientas y estrategias, para así encontrar el mix de Marketing correcto.

2) Asóciese con expertos en los diferentes ángulos, se beneficiará de su colaboración.

3) No se olvide de las estrategias del Marketing tradicional, los cuales complementan el Marketing digital.

4) Determine si su tendencia natural y fortaleza residen en el Marketing hacia fuera (A/a) o hacia dentro (A/b).

Características del ángulo del Marketing

Pilares más comunes:

Contenido (P1), búsqueda (P2), medios (P4), CRM (P5) y medios sociales (P6).

Actividades más comunes:

Escritura, Compra de Medios, Planificación Estratégica, Desarrollo Nuevos Negocios, Presentaciones Nuevos Negocios, Reportes & Análisis, Investigación de Mercado, Análisis de la Competencia, Comunicaciones masivas vía correos electrónicos y Noticias, Medios Sociales, SEO.

Los más prominentes tipos de personalidades (MPTs*):

Recolector de información (MPT2), cazador (M3), pensador - estratega (MPT5), hacedor (MPT6).

Los Modos favoritos:

Lluvia de ideas (M1), estrategias (M3), Personas (M4), ejecución (M6).

Ángulos Complementarios:

Creativo (A2), Emprendedor (A7).

*MPT son los diferentes tipos de personalidad del individuo en lo que a Marketing se refiere, el tema es cubierto en las páginas 113-121.

Ángulo 2 [A2]: Plano

Creativo

Inlcuye:

Diseñadores gráficos, diseñadores web, dibujantes, animadores, fotógrafos, videografos, escritores creativos.

El ángulo creativo (A2) es representado vía el lado derecho de nuestro cerebro. Mientras que la creatividad es ciertamente una cualidad impregnada en todos los ángulos, esta área se enfoca primordialmente en el contenido audio-visual que domina nuestros sentidos. Ciertas habilidades, como la escritura, caen dentro de A2 por su contenido creativo, como contar historias y lo que respecta a la fantasía, así como en A1 en la descripción de los productos y el contenido de los mensajes publicitarios.

El ángulo creativo está manifestado y es de suma importancia en casi todas los componentes del marketing digital y la energía que genera es la de más impacto en el manejo de la marca (Branding o Tp2). Como una carrera profesional, A2 puede dirigirse en varias direcciones al momento en que se comience a alcanzar los más altos niveles de la profesión. Estos profesionales están bien informados como para complementar sus habilidades con una o más carreras o destinos para lograr hacerse cargo no solamente del manejo de la marca (Branding) sino también de todo el desarrollo del producto.

Sugerencias

1) Obtener retroalimentación por parte de los principales miembros y líderes del equipo, es clave.

2) Considere aprender algunas tácticas de los ángulos del Marketing, para así complementar sus habilidades creativas.

3) Tome riesgos con los diseños; piense fuera de la caja, de esta manera sus conceptos no serán considerados "tradicionales o básicos".

4) Estudie y respete el manejo y el diseño tradicional de marca, principio que es de vital importancia para la creatividad digital.

5) Incentivar el desorden a niveles saludables durante el proceso creativo es necesario, pero recuerde que es importante el mantenerse organizado.

6) Si se encuentra con un obstáculo creativo, tómese un tiempo para usted, para aclarar su mente con una meditación de unos 15 minutos.

Características del ángulo Creativo

Pilares más comunes:

Contenido (P1), UX (P2), Medios Sociales (P6), Móvil (P7).

Actividades más comunes:

Diseño gráfico, utilización de PhotoShop y otras herramientas para la creación de imágenes de alta definición, diseño de páginas de internet, diseño de aplicaciones, diseño de marca, edición de video, filmación de video, diseño de presentaciones, diseño de productos, animación, fotografía, composición musical, guía de estilos para la creación de marca.

Los más prominentes tipos de Personalidades (MPTs):

Pensador — Estratega (MPT5), Hacedor (MPT6), Visionario (MPT7).

Los Modos favoritos:

Lluvia de Ideas (M1), estrategias (M3), herramientas (M5), ejecución (M6).

Ángulos complementarios:

Marketing (A1).

Ángulo 3 [A3]: Plano

Técnico

Consejo:

Busque integrar y relacionar su equipo de desarrollo con otras áreas del Marketing para que de esta manera, ellos integren estos conocimientos en sus prácticas, respetando así a el verdadero profesional del Marketing.

El ángulo 3 incluye, programadores, técnicos y todo aquel profesional que posea conocimientos técnicos del internet. Esto cubre la infraestructura del internet, avanzados conocimientos que fundamentan el desarrollo de las aplicaciones (Por ejemplo: la nube o "cloud" y la tecnología móvil). El mercadólogo no técnico debe recordar y respetar el hecho de que el Marketing digital es posible gracias a las habilidades del ángulo 3, estos profesionales han construido los programas y herramientas que son actualmente usadas.

Lo que hace este Ángulo uno de los más poderosos es la integración que va en aumento del internet y la tecnología móvil. Movimientos como la búsqueda en multitud y el desarrollo multitudinario abierto, son los ejemplos bandera de esta situación. Esta es una excitante carrera a seguir gracias a las grandes oportunidades y recursos disponibles, lo que hace la construcción de programas sofisticados de modo más fácil que nunca. El hecho de que los "Técnicos" estén ocupando posiciones de liderazgo en empresas, va en aumento, y están siendo integrados en la empresa en vez de ser distanciados, por compañeros de equipos de otras áreas y divisiones.

Sugerencias

Ángulo técnico – Hoja de Auto chequeo

¿Cuán "Técnico" soy, en comparación relativa con mis compañeros?

① ② ③ ④ ⑤ ⑥ ⑦

¿Cuáles son mis habilidades "Técnicas principales", en las que soy indispensable para la ejecución?

¿Si pudiera aprender fácilmente una nueva habilidad técnica ¿cuál sería?

¿Quiénes considero como mis asesores técnicos si necesito realizar un proyecto complejo de codificación?

Características del ángulo Técnico

Pilares más comunes:

UX (P2), Móvil (P7).

Actividades más comunes:

Líneas de dibujo, escritura de especificaciones funcionales, códigos de programación, desarrollo de aplicaciones, investigación técnica, controles de calidad, pruebas, desarrollo e integración API, administración técnica (Por ejemplo: alojamiento de páginas de internet, programación y mantenimiento, programación de correos electrónicos, administración de redes), SDK, creación y aprendizaje y documentación técnica.

Los más prominentes tipos de personalidades son (MPTs):

Matemático - experto en números (MPT1), recolector de información (MPT2), granjero (MPT4) y Hacedor (MPT6).

Los Modos favoritos son:

Descubrimiento (M1), herramientas (M5), ejecución (M6), análisis (M7).

Ángulos complementarios:

Financiero (A5), Legal (A6).

Ángulo 4 [A4]: ┌ Agudo ┐

Gerencial – Administración

Consejo:

Se recomienda a las personas que están desarrollando sus habilidades A4, paralelamente con al menos un ángulo Plano, de otra forma, puede correr el riesgo de ser no indispensable cuando llega el momento de reducción de personal.

Gerencia - Administración (A4), el primero de los ángulos agudos, mantiene los proyectos unidos, funcionando con una clara dirección. Es fundamental, debe ser desarrollada tanto en las diversas funciones dentro de cualquier empresa, como habilidad durante la carrera profesional del individuo. Puede ser en algunos casos una zona frágil y de desastre, especialmente si no es desarrollada conjuntamente con habilidades agudas (Por ejemplo, lo ángulos agudos del diagrama). El Marketing digital es un amplio campo donde muchos recursos son accesibles e intercambiables. Mi mentor, David Houle, autor del libro "The Shift Age™", discute la desintermediación en aumento gracias a la tecnología digital y las cambiantes infraestructuras en la sociedad. Por ejemplo, esto ocurre cuando compradores y vendedores sacan del juego al intermediario (Por ejemplo, los corredores de bolsa) y hacen el negocio directamente. Los Gerentes están sujetos a las mismas directrices.

La gerencia - administración es prevalente y necesaria en los 7 Pilares y en la matriz número 49. Los gerentes de cinturón verde y marrón tienden a ser solo gerentes, mientras que los de cinturón negro y azul actúan generalmente a un nivel ejecutivo.

Sugerencias

1) Tómese tiempo para usted "chequeo interno" y en programar reuniones de progreso con su equipo.

2) Observe, escuche y aprenda de las fortalezas y debilidades de su equipo.

3) Asigne el personal de su equipo a tareas y proyectos donde se sientan cómodos y puedan apreciarlo como su lugar.

4) Establezca fechas de cumplimiento realistas para sus proyectos, así como para sus objetivos.

5) No rompa sus promesas ni retrase las fechas a cumplir; puede correr el riesgo de convertirse en un obstáculo para su equipo.

6) Todos tenemos limitaciones, conozca su equipo.

7) Reconozca, celebre los logros de su equipo; el refuerzo positivo por cada logro vale mucho.

Características del ángulo Gerencial

Pilares más comunes:

Todos

Actividades más comunes:

Manejo de proyectos, creación de lista de actividades, generación de Reportes, líder de reuniones, desarrollo de presentaciones, presupuestos, evaluación de desempeño, recursos Humanos o reclutamiento y planificación estratégica.

Los más prominentes tipos de personalidades:

Experto en números (MPT1), Granjero (MPT4).

Los Modos favoritos:

Retorno sobre la Inversión - ROI - (M2), Estrategias (M3), Personal (M4), Análisis (M7).

Ángulos complementarios:

Técnico (A3), Financiero (A5), Legal (A6).

Ángulo 5 [A5]: | Agudo

Financiero

Consejo:

Todo Gerente de Proyectos, Gerente de Cuentas y Líder de una división debe tener un fuerte repertorio financiero, incluyendo la habilidad de desarrollar presupuestos, planes para Lograr el Retorno sobre la Inversión (ROI) y reportes de desempeño de los diferentes canales.

Todas las industrias tienen una fuerte necesidad por encontrar personal para el área de Finanzas. En el Marketing digital, ellos deben tener poderes más fuertes gracias a la vasta cantidad de herramientas disponibles. Este ángulo agudo le pertenece a los "Expertos en números" (MPT1), quienes pasan la mayor parte de su tiempo entre presupuestos (M2) y modelos de análisis (M7). Fuera de los empleos puramente financieros (Por ejemplo: contadores y analistas financieros) las habilidades financieras ayudan a guiar los proyectos, manteniéndolos en control dentro del presupuesto.

A5 es el más importante por la rapidez con la que cambia la tecnología y los costos de casi todos los recursos utilizados, el movimiento global del dinero, gracias a servicios como PayPal, se está acelerando y escalando rápidamente. Los presupuestos por 5 años se consideran obsoletos. Todo está cambiando rápidamente y el A5 es responsable de asegurar que las métricas de la empresa y el KPL sean mantenidas.

Sugerencias

Utilice está tabla para desarrollar un presupuesto razonable para su proyecto:

Tarifa de Agencia	Enero 2016	Feb 2016	Marzo 2016
P3 Búsqueda			
P4 Medios			
P5 CRM			
P6 Medios Sociales			
Presupuesto para contratistas			
P3 Búsqueda (Enlaces)			
P4 Medios (PPC, Re-Objetivos)			
P5 CRM (Tarifa correos electrónicos masivos)			
P6 Medios Sociales (publicidad, campanas)			
Total Presupuesto Mensual			

Características del ángulo Financiero

Pilares más comunes:

Todos

Actividades más comunes:

Presupuesto, Retorno sobre la Inversión (ROI), analítica y generación de reportes, presentaciones ante junta de directivos, bancos, creación y revisión de propuestas y negociación de contratos.

Los más prominentes tipos de personalidades (MPTs):

Experto en números (MPT1), recolector de información (MPT2), granjero (MPT4).

Los Modos favoritos:

Retorno sobre la Inversión —ROI— (M2), Herramientas (M5), Analítico (M7).

Angulos complementarios:

Técnico (A3), Gerencial (A4), Legal (A6).

Ángulo 6 [A6]: Agudo

Legal

Consejo:

Esté atento de cuando es necesario llamar a un especialista del área legal, en especial si usted trabaja en una industria con regulaciones. Añada semanas extras para la culminación de su proyecto y para la consulta legal de acciones relacionadas con su industria.

Si, los abogados tienen su lugar en el ecosistema de los 7 Pilares como defensores, intérpretes y creadores de las leyes que gobiernan los medios y el internet. Es un amplio espacio, el cual ha sido co-fundado con entidades gubernamentales y los sistemas legales que han sido, y ampliamente son, mal equipados para lidiar con tan poderosa fuerza de interconexión y modalidad de comercialización sin fronteras. Piense en el pasado caso de Napster y otros problemas de piratería, los cuales son de extrema dificultad para la policía ya que con los mismos surgen todo tipo de preguntas éticas. ¿Y que ha pasado con empresas como NSA, Facebook, Google vs La China y su privacidad en Internet? Este es otro campo a debatir por los especialistas del A6 para las diferentes empresas.

Hay industrias de gran importancia que generan billones de dólares en Marketing, las más notables son las farmacéuticas, que son estrictamente reguladas. Los profesionales del Ángulo 6, dirigen los equipos que aseguran que el material de Marketing esté dentro de las regulaciones y leyes que rigen la industria.

Es interesante ser testigo de la manera en que los campos legales han evolucionado a través del uso de la tecnología digital, como las firmas digitales o el compartir las formas legales (Por ejemplo: LegalZoom.com). Esto abre una puerta abierta a prácticas sin cuidado de ser vigiladas por abogados y que pueden ser manipuladas por aquellos que tienen intenciones maliciosas o no tienen el soporte legal adecuado. Por experiencia, usted aprenderá cuándo llamar a un abogado vs. Simplemente poner más atención a contratos y documentos con términos con los que usted está de acuerdo.

Por último, la mayoría de las páginas de internet, especialmente SaaS, tienen una política antipiratería y términos de uso. Este es todo el territorio de A6.

El Ángulo legal es el que más se pasa por alto, pero es el más importante.

Pilares más comunes:

Todos

Actividades más comunes:

Revisión y negociación de contratos, consejo legal, revisión de regulaciones de la industria.

Los más prominentes tipos de Personalidades (MPTs):

Recolector de Información (MPT2), Granjero (MPT4).

Los Modos favoritos:

Estrategia (M3), Ejecución (M6), Análisis (M7).

Ángulos Complementarios:

Tecnico (A3), Gerencial (A4), Financiero (A5).

Ángulo 7 [A7]: Agudo

Emprendimiento

¿Sabía usted?

Los medios ganados se refieren a activos en Marketing o canales que la empresa controla, por lo cual la empresa es capaz de dirigir una serie de mensajes de Marketing a una audiencia. Los gigantes de los medios desarrollan esos activos debajo del A7.

A7 es el reino de nuevos empresarios y empresas asociadas capitalistas buscando crear y controlar como el internet funciona. Nuevas asociaciones de empresas, por jugadores que buscan influenciar y mejorar las herramientas en internet, resaltan diariamente dentro de cada pilar.

Desde el comienzo de internet en 1993, empresarios e inversionistas por igual han guiado el internet de tal forma que puedan reclamar su parte de la fiebre del oro virtual. Al afilar en el Modo 5 (Herramientas & tecnología), usted será testigo de una fuente inagotable de historias exitosas y fracasos en esta carrera digital. La buena noticia es, que como el Bing Bang, el internet, incluyendo la modalidad móvil, es un universo en expansión continua que actualmente llega a 6 billones de los habitantes del planeta Tierra; es por lo anterior que hay bastante espacio para que muchas más personas puedan liderar dueños y participen de acuerdo a sus necesidades y medios en este ecosistema.

Es importante seguir a empresas nuevas y ya establecidas en el campo, obteniendo así, información de las tendencias y las mejores herramientas para cualquiera que sea su especialidad. Ahora es más fácil que nunca volverse obsoleto; los partidarios del Ángulo 7 se han asegurado de este hecho!

Ejercicio:

1) ¿Cuánto sentido del riesgo posee dentro de usted?

① ② ③ ④ ⑤ ⑥ ⑦

2) ¿Si le dieran $1 millón de dólares y le pidieran comenzar una empresa nueva en el área tecnológica cuyo objetivo es el obtener 10X de retorno sobre la inversión (ROI) en un periodo de 5 años o menos, qué tipo de empresa comenzaría?

3) Haga una lista de 1 a 2 nombres buenos o innovaciones que cambiarán el juego (pueden ser para nuevas empresas o nuevos productos de empresas existentes) dentro de los pilares de su predilección, o en los 7 pilares.

Características del ángulo Emprendedor

Pilares más comunes:

Todos

Actividades más comunes:

Inversiones en empresas nuevas, creación de planes de negocio para nuevos negocios, ideas, desarrollo de la estrategia de la marca, creación del plan de Marketing, creación del plan financiero, búsqueda de inversionistas, reclutamiento de talento, desarrollo de programa de cómputos.

Los más prominentes tipos de personalidades (MPTs):

Experto en números (MPT1), Recolector de Información (MPT2), Cazador (MPT3), Hacedor (MPT6), Visionario (MTP7).

Los Modos favoritos:

Ideación (M1), Estrategia (M3), Herramientas (M5).

Ángulos Complementarios:

Marketing (A1), Creativo (A2), Técnico (A3).

Evaluando
nuestro nivel

Los 7 Niveles [Habilidades & Dificultades]

La carrera de negocios y Marketing, es análoga a la carrera del aspirante al grado de Samurai en el que los guerreros de las artes marciales se embarcan para alcanzar su verdadera identidad y maestría en su arte. El verdadero progreso no es fácil. Es evasivo, lo que representa los niveles son simbolizados por pirámides (templos), que representan una batalla cuesta arriba requerida para la elevación personal. Solo aquel con más habilidades y perseverancia en el arte marcial digital ascenderá al tope y logrará obtener El estatus de Samurai cinturón azul.

Así como el en Karate, las habilidades de los practicantes del Marketing progresan con los años, esperando sea bajo la guía de uno o varios maestros, gerentes, mentores o modelos a seguir con más fortaleza que el estudiante. Todo se mueve más rápido en la era digital, incluyendo los niveles de las habilidades en los ambiciosos y trabajadores Samurais. Los 7 Pilares detallan todo en 7 niveles de habilidades (del individuo) y correspondiente dificultad (de la tarea a realizar). Por ejemplo, en un nivel 2 el profesional de Marketing SEO debería ser capaz de manejar las actividades SEO del nivel 1 y nivel 2 sin problema alguno. Sin embargo, el nivel 3 puede presentar actividades que serán retos para este individuo.

Los niveles se aplican a cada pilar, modos y en todas las dimensiones en efecto, para las evaluaciones de los equipos y campanas, así como evaluaciones individuales. Esto puede hacerse efectivamente al usar la Matriz 49, en la aplicación o modelo.

Es muy difícil establecer con certeza los niveles de habilidades. Los exámenes estandarizados, los títulos y certificaciones no cuentan la historia completa. Las evaluaciones por parte de la gerencia pueden malvender al individuo. Como resultado los gerentes y equipos de Marketing sufren de falta de personal o pobremente preparados para ciertas actividades y los resultados así lo demuestran.

Con lo antes dicho, es vital el obtener una visión del nivel de cada miembro del equipo y desarrollar un lenguaje en común que permita a los gerentes establecer equipos de trabajo que vayan de acuerdo a los requisitos y el nivel de dificultad del proyecto.

Usted debería saber su propio verdadero nivel, por varias razones. La más importante, le da poder personal al ser práctico, acerca del tipo de trabajo para el que usted está más capacitado para realizar bien y que le permite enfocarse en las habilidades que necesita desarrollar.

Cada dimensión en el modelo de los 7 Pilares es una segmentación más profunda que la anterior. En esta etapa, los niveles son la dimensión 4, provee una visión más amplia a la dimensión 3 - Ángulos. Mientras que los ángulos dan la información de cómo alguien se eleva (Ángulo técnico vs. Ángulo creativo), los niveles nos dicen cuan alto han subido.Un ventaja clave para un Samurai de alto rango es la habilidad de cruzar de un ángulo a otro. Por ejemplo, un técnico nivel 4UX puede fácilmente aprender y convertirse en un gerente UX que uno del nivel 3.

Dos claves visuales que se utilizan para representar los niveles:

1) Los 7 Samurais del Este (Japoneses) en artes marciales corresponden con los 7 Niveles.

2) Las pirámides reflejan el camino hacia la cima o maestría de su arte.

Las pirámides son la perfecta analogía ya que ellas encaminan los tres múltiples ángulos hacia la cima y además hay menos espacio en cada nivel en secuencia, gracias a la ley de la inercia. ¡No todo el mundo quiere realmente llegar a la cima, porque requiere grandes esfuerzos y sacrificios! Y esto está bien, uno solo debe ser honesto consigo mismo en cuanto hacia dónde quiere ir y los objetivos a lograr en este arte.

El resto de este capítulo describe los tipos de actividades y habilidades que típicamente se observan en cada uno de los 7 niveles.

7 Samuráis = 7 Niveles

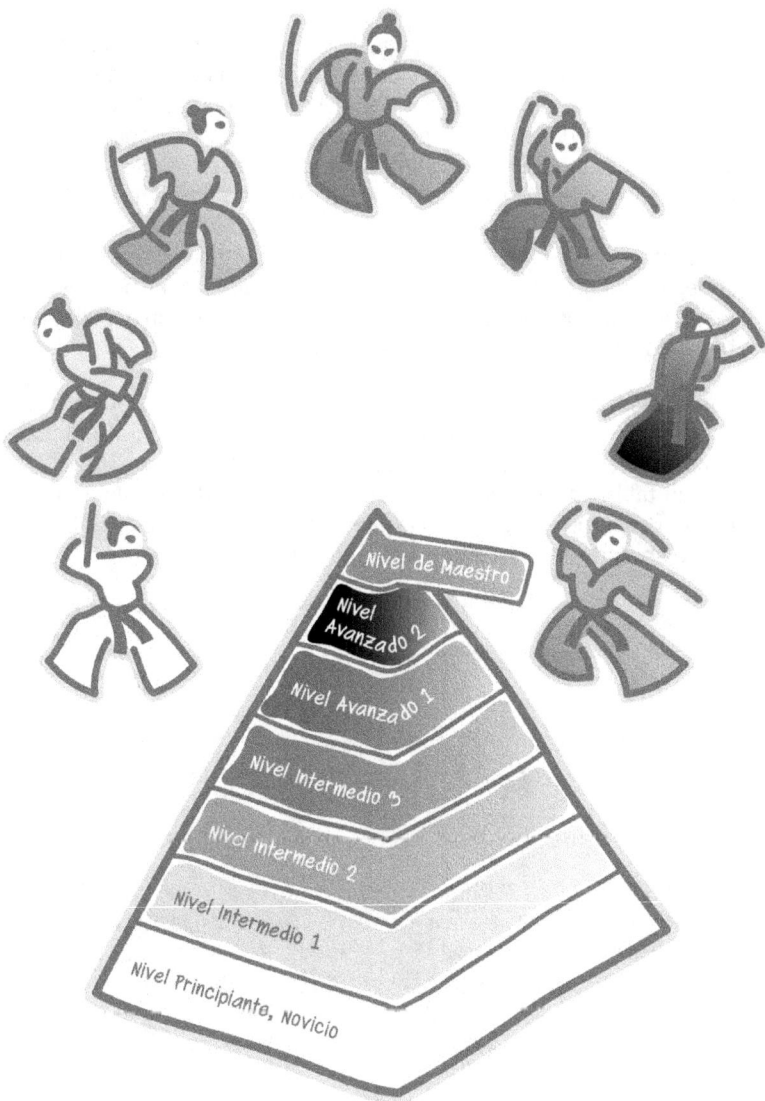

Nivel de Maestro

Nivel Avanzado 2

Nivel Avanzado 1

Nivel Intermedio 3

Nivel Intermedio 2

Nivel Intermedio 1

Nivel Principiante, Novicio

Nivel 1: Cinturón Blanco

Nivel Principiante, Novicio

En general, un recién llegado entra al dojo, que es un espacio destinado a la práctica de karate (Por ejemplo, al terreno del Marketing) con algunas habilidades esenciales, (Por ejemplo, escritura, datos cuantitativos, búsqueda) sin embargo, en términos de Marketing, él o ella es un principiante. El trabajo del maestro o Sensei, es asumir que el principiante no está siendo puramente educado por sí mismo, es el evaluar sus habilidades y de ahí determinar qué tipo de enseñanza básica necesita con el propósito de complementar sus habilidades. En el departamento de Marketing o agencia los cinturones blancos son generalmente los "practicantes" o empleados nuevos sin experiencia, titulados como analistas pero no siempre es el caso.

Los Cinturones blancos son nuevos en este campo, pero pueden ser muy inteligentes (PHD, Maestrías y hasta CEO) pero su IQ digital, por cualquier razón, no ha sido desarrollado. En las páginas siguientes hay un tabla útil que muestra cuales son las actividades que normalmente un cinturón blanco realizaría en cada pilar, lo cual involucra un activo aprendizaje e investigación mucho mayor.

Ejercicio:

Imagine que usted es un Cinturón Blanco, o piense en alguna persona en su organización que esté en este nivel, ¿Cuáles son algunos objetivos razonables para esta persona? Utilizando la Matriz 49, realice un mapa que evidencie cómo el Cinturón Blanco podría alcanzar esos objetivos; tenga en cuenta las fortalezas y debilidades del principiante en cada pilar y modo, después formule una estrategia para desarrollar varias habilidades específicas que son de importancia para el crecimiento.

El Cinturón Blanco debe ser capaz de:

P1. Contenido

Investigar y Analizar publicaciones y blogs líderes de información de la industria en particular.

P2. UX

Aprender los aspectos básicos de los programas de diseño gráfico como Photoshop, Illustrator, Wordpress y de páginas de internet.

P3. Investigación — Búsqueda

Aprender los aspectos básicos de la búsqueda de palabras claves usando herramientas como Google Adwords.

P4. Medios

Crear una cuenta de Google Adwords y estudiar los costos por Clic en aquellas palabras relevantes para su industria.

P5. CRM

Evaluar los aspectos básicos del CRM, plataformas de correos electrónicos masivos (Por ejemplo Salesforce y mailchimp) y entender plenamente el concepto de segmentación.

P6. Medios Sociales

Identificar grupos relevantes o en su defecto crear un grupo objetivo o listado de conexiones potenciales en una o más redes sociales.

P7. Móvil

El descargar/usar varias de las aplicaciones líderes en los teléfonos inteligentes.

Nivel 2: Cinturón Amarillo

Los cinturones Amarillos están en la cúspide del conocimiento entre el principiante e intermedio. Ellos han aprendido algo y tienen una experiencia mínima de 3 a 6 meses. Alguien que aprende rápido sin un récord extenso pero que se le facilita el Marketing digital puede ascender rápidamente hasta convertirse en cinturón amarillo. En empresas pequeñas, esto tiende a pasar con el personal de nivel junior, quienes comienzan a ampliar sus capacidades, lo cual puede ser potencialmente beneficioso para su crecimiento y al mismo tiempo peligroso en términos de la calidad de trabajo para el proyecto, sino tienen la supervisión y retroalimentación apropiada.

Análisis - (KPL) Métricas claves

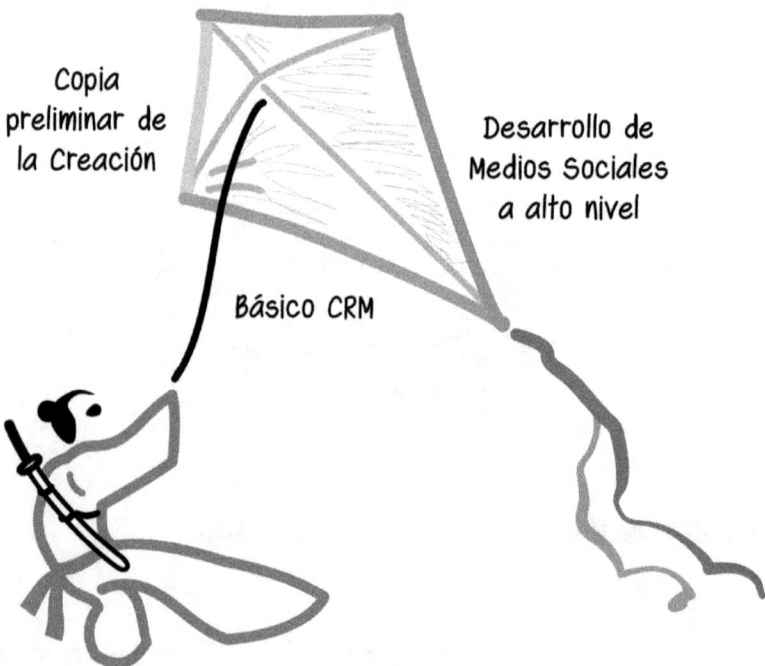

Copia preliminar de la Creación

Desarrollo de Medios Sociales a alto nivel

Básico CRM

El Cinturón Amarillo puede cómodamente:

P1. Contenido

Identificar imágenes y escribir contenidos básicos para la web.

P2. UX

Utilizar Google Analytics, en los análisis y evaluación de los "Llamados a Acción" (CTAs) y las páginas en internet para los factores del éxito.

P3. Investigación – Búsqueda

Establecer una lista de palabras claves y buscar competidores.

P4. Medios

Comprensión básica del CPM (costo por mil Impresiones), las tarifas en los medios y los tamaños más comunes para banners y displays.

P5. CRM

Alimentar la base de datos y establecer ol ciotema CRM y la plataforma de los correos electrónicos con la habilidad buscar y utilizar información clave y gencrar reportes.

P6. Medios Sociales

Establecer perfiles básicos de negocios, diseño y contenido un uno o varios medios sociales.

P7. Móvil

Analizar las diferentes indicadores de métricas (Por ejemplo, el tiempo en la página, % del tráfico) entre el móvil, la tablet, y los usuarios de las computadoras.

Nivel 3: Cinturón Naranja

Nivel Intermedio 2

Los cinturones Naranjas son profesionales en Marketing con experiencia, usualmente han estado en el "juego" por lo menos 2 años. Su progreso individual en su carrera, va más allá de la teoría y tienen experiencia en la práctica y en el funcionamiento real del mercado. Este es el nivel más común en la industria, acompañado del cinturón Verde.

Los Cinturones Naranja, mientras que están en una etapa crítica del aprendizaje, son capaces de ejecutar una gran cantidad de tareas prácticas del Marketing.

La Clave para el Nivel 3 es el estar en él, y enfocarse en escoger uno o dos pilares o modos en los que se puede profundizar. Con una buena base, es el tiempo de realizar movimientos hacia otro tipo de habilidades.

Consejos

1) No tenga muchas actividades o proyectos al mismo tiempo, esto debilitara sus esfuerzos.

2) Desarrolle una visión de 2 años en su carrera y un plan para llegar ahí.

3) Si se queda atrapado en cualquier etapa de un proyecto asignado, no se pierda en él, cambie la dirección hacia un lado diferente o tome un tiempo para usted y regrese relajado y con la mente abierta.

4) Gane poder sobre tu tiempo, ponga atención respecto a la duración que le toma llevar a cabo las tareas que le han sido asignadas (Principio básico 1)

5) Comparta sus conocimientos con sus colegas a todos los niveles: bajo y altos.

6) Mantenga su energía aprendiendo nuevas habilidades entre los Pilares, Modos y Ángulos tan frecuente como te sea posible.

Los Cinturones Naranjas pueden:

P1. Contenido

Escribir blogs o desarrollar contenido para páginas de internet; generar títulos para secciones y líneas de interés; producir contenido audio, video y fotografía.

P2. UX

Establecer un mapa de la página básico, diseñar páginas de internet estáticas, con composiciones básicas para páginas web y casos estándares.

P3. Investigación — Búsqueda

Refinar el listado de palabras claves, hacer un mapa en las páginas y escribir metadatos alineados con las palabras claves.

P4. Medios

Establecer y manejar pequeñas cuentas de PPC incluyendo escribir, pagar por palabras claves, y reportes básicos.

P5. CRM

Establecer y manejar campañas de correos electrónicos masivos, generar reportes de analítica desde la web para los diferentes segmentos de usuarios.

P6. Medios Sociales

Operar los perfiles sociales, incluyendo contenido, estatus o actividades, etiquetando continuamente, presentando promociones y reportes.

P7. Móvil

Investigar y analizar las estrategias basadas en la localización.

Nivel 4: Cinturón Verde

Nivel Intermedio 3

Los cinturones Verdes están a puertas de convertirse en expertos en el dominio, relativamente algunos, pueden ser considerados expertos. Ellos tienen suficiente experiencia -generalmente de 3 a 4 años- para manejar campañas de manera independiente. A nivel de agencia, los Cinturones Verdes típicamente manejan proyectos pequeños y realizan entrenamientos para clientes o personal nuevo (Cinturones Blancos, Amarillos y Naranjas). Hay muchos profesionales en Marketing independientes o "Freelance" en este nivel, quienes han desarrollado confianza durante su trayectoria profesional y se han dado cuenta del potencial que tienen para ofrecer y consecuentemente facturar una buena suma de dinero por sus horas de trabajo.

Al estar en el medio de los 7 Niveles, Los Cinturones Verdes son generalmente quienes trabajan duro. Ellos no son principiantes pero no están en el tope de la montaña o clamando al vacío generalmente. Es por esto, que ellos son dados a proyectos de ejecución inmediata poniéndose manos a la obra.

Cualquiera que haya llegado a este nivel ha probado sus méritos y ha demostrado su serio compromiso acerca de su carrera profesional, y tiene la fuerza de voluntad necesaria para escalar la montaña.

Consejos

1) Escriba su visión en un periodo proyectado de 6 meses a 2 años para cualquier proyecto a la vista (Por ejemplo, ¿cuáles son sus objetivos KPIs?).

2) Lluvia de ideas para el funcionamiento de un equipo bien acoplado (Por ejemplo, ¿quiénes trabajarian bien de manera conjunta y agregarían valor al proyecto?)

3) Involucrar a los clientes/inversionistas en el proyecto desde las etapas iniciales.

4) Tener varias fuentes de recursos a utilizar para los fines de analizar y escoger las herramientas adecuadas para el proyecto.

5) Tomar responsabilidad del éxito o fracaso del proyecto.

Un Cinturón Verde puede confiadamente:

P1. Contenido

Crear y manejar los calendarios editoriales, dirección de comerciales y sesiones de fotografías.

P2. UX

Diseñar interfaces de páginas múltiples, para PC y móvil; de baja fidelidad (ejemplo bocetos) y alta fidelidad (gráficos).

P3. Investigación – Búsqueda

Creación de planes SEO, esquemas ejecutivos, micro formatos, ejecutar continuas afiliaciones, producir detallados reportes SEO.

P4. Medios

Establecer cuentas complejas de PPC con la utilización de contratistas y plataformas, creando planes de medios que pueden mezclar CPA y CPM.

P5. CRM

Personalización del CRM para la específica industria y empresa según sus necesidades, integración de los módulos y aplicaciones para la implementación y automatización de las herramientas.

P6. Medios Sociales

Crear planes para los medios sociales, integrando los medios sociales con los demás medios y canales, reportes del retorno de la inversión (ROI), atributos e influencia, tácticas sociales.

P7. Móvil

Encontrar páginas móviles y aplicaciones o aplicaciones promocionales.

Nivel 5: Cinturón Marrón

Nivel Avanzado 1

Cualquier individuo puede convertirse en un cinturón marrón de unos 2 a 5 años, dependiendo del nivel de experiencia real que haya obtenido en su área. Los Cinturones Marrón deben tener al menos 2 éxitos "tangibles" que puedan ser claramente evidenciados y potencialmente duplicados. En este nivel, las estrategias, comunicaciones e integración entre los pilares son de más importancia, presentando oportunidades de florecer las habilidades del Samurai.

Los Cinturones Marrón generalmente tienen un sólido conocimiento de por lo menos 3 pilares. Son técnicos experimentados que por lo general están a cargo de proyectos y han desarrollado habilidades a cierto nivel de enseñanza, delegación y gerencia.

Deme un Cinturón Marrón y le entregaré un futuro Director de Marketing o Jefe de Estrategias en dos años o menos.

Ejercicio:

Identifique y clasifique 3 pilares que en la actualidad usted considere tiene más conocimiento; ¿Qué ha aprendido hasta la fecha y que debe aprender en cada uno de estos 3 Pilares para así ascender al próximo nivel? ¿Cuáles son los pasos que usted considera necesita seguir para fortificar sus habilidades? Identifique a una persona que usted considere está en un más alto nivel (Azul o Negro) y hágale una entrevista, identifique sus fortalezas y debilidades dentro de los 3 pilares seleccionados.

Un Cinturón Marrón debe ser capaz de:

P1. Contenido

Ser un experto en contenido estratégico y producción, incluyendo blogs y autoría de un libro; además una compleja producción de videos y comerciales.

P2. UX

Manejar y optimizar ensayos complejos y variables, supervisar el desarrollo de páginas de internet de importancia y monitorear su programación avanzada.

P3. Investigación – Búsqueda

Generar y tomar responsabilidad por los resultados del SEO en industrias competitivas, manejar complejas auditorías de SEO, desarrollar avanzadas estrategias de SEO.

P4. Medios

Manejo de campañas sofisticadas de medios, incluyendo el re-enfoque, retorno sobre la inversión, atribuciones entre PPC, CPA y CPM.

P5. CRM

Manejar múltiples fuentes en la estrategia del CRM, así como la automatización de herramientas como Hubspot o Marketo.

P6. Medios Sociales

Ser una constante y respetada figura con influencia a través de los diferentes medios sociales

P7. Móvil

Desarrollar y promocionar exitosas aplicaciones móviles.

Nivel 6: Cinturón Negro

Nivel Avanzado 2

Los Cinturones Negros son los que típicamente buscan a los expertos en la industria, los que con frecuencia asisten a conferencias y dirigen agencias, así como departamentos de Marketing digital. Cualquiera en este nivel está más que calificado para un papel de líder. La mayoría de los Cinturones Negros están ampliamente enfocados en los Modos 1-4 (Ideación, retorno sobre la inversión (ROI), estrategias, personas). Ellos saben cómo construir sus equipos de trabajo, programas de mercado a escala, presentar y ganar nuevos negocios y comunicar la visión del proyecto.

Hay otros dos estilos en el Cinturón Negro, que no buscan el liderazgo ya sea porque ellos no lo disfrutan o no están capacitados para manejar otras personas. Ellos son muy buenos en lo que hacen, con habilidades muy particulares difíciles de igualar. Este grupo se caracteriza por contratistas independientes o técnicos de alto nivel de una corporación.

Ejemplos de los Cinturones Negros por ángulo:

L6-A1) Los mejores blogueros de la industria, directores de cuentas de galardonadas campañas publicitarias.

L6-A2) Cinematógrafos de gran reputación, fotógrafos y galardonados diseñadores de páginas de Internet.

L6-A3) Arquitectos y codificadores de sistemas, detrás de las aplicaciones móviles y medios Sociales.

L6-A4) CEO y COO de empresas Fortune 500, así como nuevas empresas y SMBs exitosas.

L6-A5) CFO y gerentes financieros en las más importantes empresas, agencias y departamentos de Marketing.

L6-A6) Socios en las mejores firmas de abogados de la región Silicón Valley en California; así como los consultores en las grandes agencias de Marketing.

L6-A7) Capitalistas de riesgo e inversionistas ángel.

Los probados y experimentados profesionales con El Cinturón Negro son capaces de:

P1. Contenido

Se auto educa y actualiza, entrena o promueve autores de altura, cinematógrafos, fotógrafos y otros productores de contenido.

P2. UX

Ensambla, maneja, inspira y despliega equipos galardonados en el desarrollo de páginas web; es arquitecto en escala de complejas estructuras de la web.

P3. Investigación — Búsqueda

Inculca la cultura SEO y integración entre canales, reclutamiento y entrenamiento de técnicos especializados en SEO, autor de al menos 5 exitosas historias de SEO y ROI en Marketing.

P4. Medios

Crear (al menos 5) campañas con un ROI positivo, completamente integradas y expansibles, en las diferentes industrias y múltiples mercados.

P5. CRM

Construir, entrenar y desplegar los equipos multi funcionales del CRM, incluyendo el soporte de respuesta activa y de servicio al cliente.

P6. Medios Sociales

Innovar y desarrollar "enganches" o plugins, campañas generadoras de tráfico y conceptos elevados para alcanzar la conciencia de marca.

P7. Móvil

Innovar y desarrollar plataformas móviles, estrategias y aplicaciones por categoría.

Nivel 7: Cinturón Azul

Nivel de Maestro

Los Samuráis azules son seres excepcionales. Estos empresarios y ejecutivos manipuladores del juego, genios puros, comprobados en altos niveles. Piense en Bruce Lee, Steve Jobs, Michael Jordan, maestros de su arte. Los Cinturones Azules son creadores de las industrias de tecnología y Marketing, quienes entienden cómo navegar y resaltarse en estos mundos mejor que nadie. Ellos viven en el templo del conocimiento digital, donde los pilares representan la verdad y los Samurais Azul los profetas. Los Cinturones Azules representan el estándar dorado e ideal que los profesionales en Marketing aspiran alcanzar. En realidad, el 1% de los Samurais llegan a este estatus. Sin embargo, todos podemos aprender en gran medida de ellos. Ellos son simplemente los mejores en lo que hacen.

En relación a esto, el nombre de mi Agencia de Marketing Blueliner, representa el pináculo o cúspide del conocimiento; la importancia de la imagen del Samurai sosteniendo en su mano el cinturón Azul hacia arriba, es el estándar al que los profesionales en Marketing aspiran (Véase en detalle en la página 10). En la agencia contratamos personas que aspiran llegar a éste nivel en estudio, aunque ellos no o logren, pero sus aspiraciones y motivaciones les da el fuego necesario para el éxito.

Ejercicio:

Evalué 2 negocios, donde usted conozca al menos 1 Líder Samurai Azul relevante conocido que trabaje ahí, que usted sienta que está realizando un fantástico trabajo siendo innovador y cambiando las reglas del juego. ¿Qué atributos lo hacen a usted pensar quienes son ellos realmente? Compare su negocio con cada uno de estos otros 2 negocios y haga un listado de similitudes y diferencias ¿cómo usted y su empresa deben evolucionar para colocarse en el mismo camino que las otras 2 empresas? Visualize, ¿qué tendría usted que sacrificar para poder convertirse en un Samurai Azul?

Los Cinturones Azules realizan esto y mucho más:

P1. Contenido

Creadores de mega empresas o lanzamientos (Miembros incluyen Ariana Huffington, Deepak Chopra, Bono, Sting, Steven Speilberg, JK Rowling, JRR Talkien and Howard Stern).

P2. UX

Lanzamientos de tecnología y productos que generan cambios. (Miembros incluyen Bill Gates, Larry Ellison and Jonathan Gay - creador de Flash -)

P3. Investigación — Búsqueda

En la delantera de una nueva industria. (Miembros incluyen Larry Paige, Segey Brin and Matt Cutts - Google -)

P4. Medios

Innovación y dominio de plataformas de medios en línea. (Miembros incluyen Jerry Yang — Fundador de Yahoo - y Bill Cross — Fundador de Go to -)

P5. CRM

Desarrollar una nueva gerencia en comunicación. (Miembros incluyen Marc Benioff y Parker Harris — Fundadores de Salesforce - y Josh James — Fundador de DOMO y Overture -)

P6. Medios Sociales

Reinventar los medios Sociales. (Miembros incluyen Mark Zuckerberg y Langley Steiner - Co fundador de Trip Advisor -)

P7. Móvil

Pioneros en el movimiento en los celulares inteligentes. (Miembros incluyen el ícono Steve Jobs, Jack Dorsey — Fundador de Square & Twitter -)

Las Pirámides del Conocimiento

Por Niveles y Ángulos

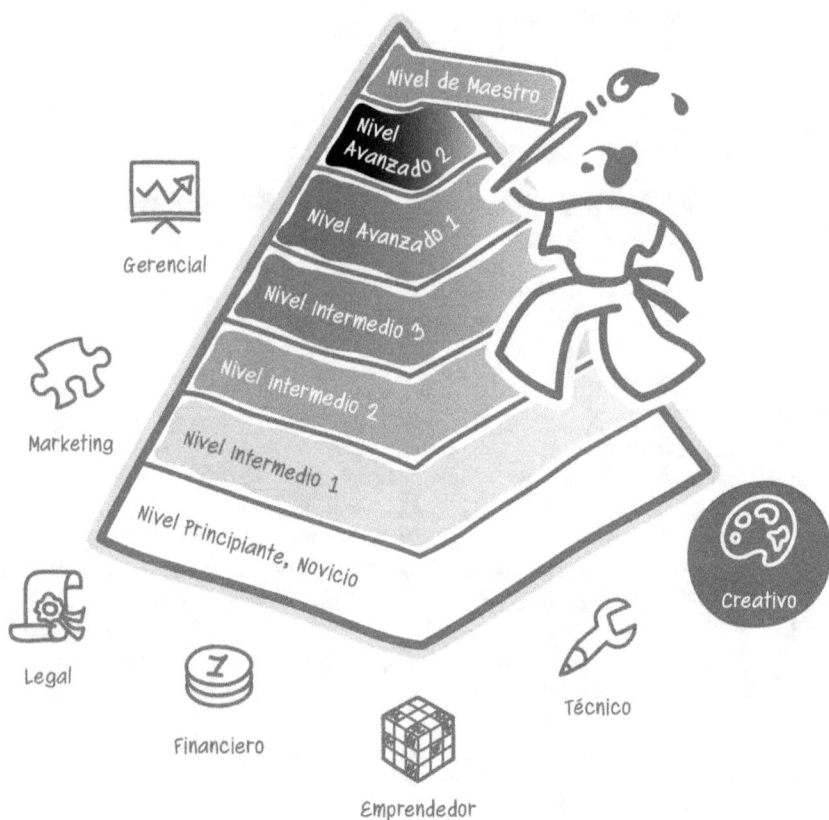

Las Pirámides del Conocimiento representan el avance del Samurai a través de los niveles de habilidades multi-dimensionales y el universo del marketing digital. Esta es otra herramienta tipo infografía que se puede aplicar en numerosas formas, por ejemplo para evaluar individuos, equipos, productos y campañas. Lo más importante es que la pirámide nos da una apreciación por la inmensidad de la información, enfoques y técnicas que existen en este campo, así como un itinerario visual sobre cómo podemos progresar a través del carril adecuado según nuestro punto de partida actual.

Las pirámides del conocimiento se crean al cruzar la tercera y cuarta dimension (ángulos y niveles). Si la Matrix 49 es un tablero de ajedrez virtual, las pirámides convierten ese tablero en un campo de batalla de cuatro dimensiones. Las pirámides usualmente tienen siete posiciones y tamaños diferentes (resumidas en las paginas 104-105) que representan quién está siendo evaluado y en qué campo del conocimiento.

Como es el caso de cualquier sistema consolidado o piramidal, entre más te acerques a la cima, menor cantidad de personas vas a encontrar. Parecido al tradicional sistema de escuelas de entrenamiento karateka, aquellos que entrenan completamente progresan con mayor rapidez. Muchos otros se estancan y se salen.

El modelo de los 7 Pilares proporciona un sistema claro y consistente de evaluación de habilidades requeridas y niveles. En el mundo del karate, cuando las escuelas se reúnen en torneos a menudo los cinturones más bajos de un practicante particular prevalecerá sobre el ranking de otros cinturones más altos. Esto sucede porque la verdadera esencia de lo que un nuevo nivel implica no siempre se entiende o enseña de forma apropiada, aún por aquellos que llevan los colores avanzados. Los 7 pilares tienen un enfoque objetivo hacia la evaluación y promoción a nuevos niveles valorando la experiencia, educación, ética y resultados actuales en el campo de trabajo de cada participante.

¿Cómo usar las Pirámides?

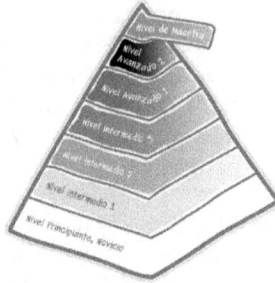

1)

En el nivel más alto, hay una pirámide que representa todo el campo. Visualízalo como una gran pirámide en la cima de la Matriz 49, que puede utilizarse para demostrar su conocimiento general como profesional en el marketing digital.

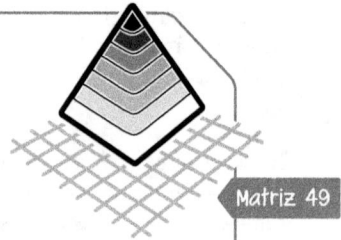

Matriz 49

2)

Tome ese modelo y llévelo a un nivel aún más amplio al aplicar la pirámide a un marketing integrado, el cual incluye 12 Pilares.

3)

P3 Búsqueda

Las pirámides se pueden ubicar en la cima de cada pilar o modo, puede profundizar en ella por ejemplo, para evaluar a alguien en SEO tendríamos una Pirámide sobre el tercer pilar (Búsqueda).

4)

Llegar a un nivel más específico, cada Pirámide puede ubicarse en la cima de un bloque de la Matrix, de los cuales usualmente hay 49. Aquí se está evaluando un área más específica como por ejemplo las habilidades de la "Estrategia de Marketing de Búsqueda" o "Presupuesto de medios en línea".

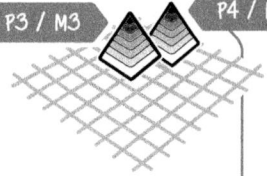

5)

Clasificar en un nivel más profundo, llevando esta herramienta de evaluación visual a tácticas particulares o escenarios que operan con diferentes pilares o modos, por ejemplo, no solo SEO pero concretamente SEO especializado o construcción de enlaces.

6)

Las pirámides se pueden aplicar a la 5ta Dimensión (Mercados) para evaluar la experiencia con relación a los objetivos demográficos.

7)

Las pirámides se pueden aplicar a la 6ta Dimensión (Industrias) para entender si alguien tiene antecedentes relevantes.

D3 D4

Identifique su Público Objetivo

Segmentación
del Mercado

Filtros
Demográficos

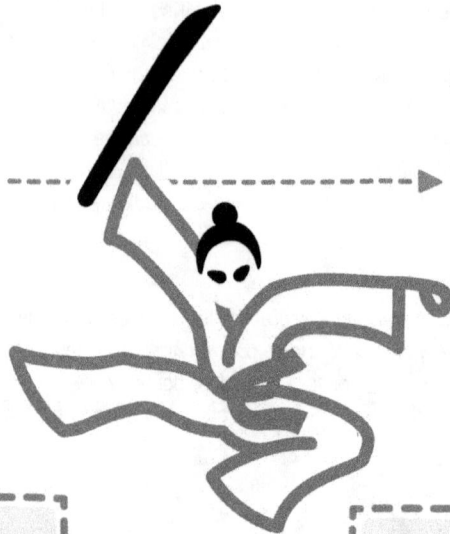

Lenguaje

Raza

Edad

Religión

Etapas de
vida

Nivel de
Educación

Asociaciones

Genero

Hábitos de
compra

Profesión

Estatus
Socio-económico

Dimensión 5:

Mercados (Geografía, demografía y psicografía)

Los Mercados (D5) incluyen el amplio campo de la segmentación y la determinación de un objetivo de varias audiencias en medio del mercado global (Por ejemplo, los mas de siete mil quinientos millones de personas con los que actualmente cuenta el Planeta Tierra) A menos de que seas Coca-Cola no hay manera de llegar a todas las personas. De siete mil quinientos millones de personas, las compañías se centran en su mercado objetivo por tres métodos generales: 1) Geografía o localización 2) Demografía o perfiles de consumidores y 3) Psicografía o estilo de vida y comportamiento del consumidor. Segmentar la audiencia de forma eficaz nos lleva a una mejor personalización y una experiencia más satisfactoria para el usuario con las marcas.

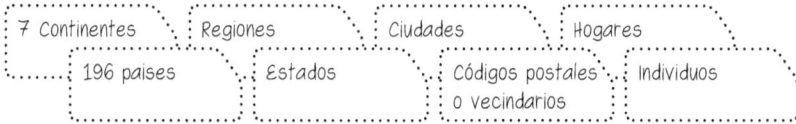

7 Continentes	Regiones	Ciudades	Hogares
196 paises	Estados	Códigos postales o vecindarios	Individuos

Filtro Demográfico:

- Edad
- Género
- Idioma
- Raza
- Religión
- Estatus socio-económico
- Nivel de Educacion
- Profesión
- Asociacion: (Hobbies, deportes, intereses)
- Habitos de compra
- Etapas de vida (Casarse, formar un familia con hijos, graduarse)

Trascendiendo
Específicamente

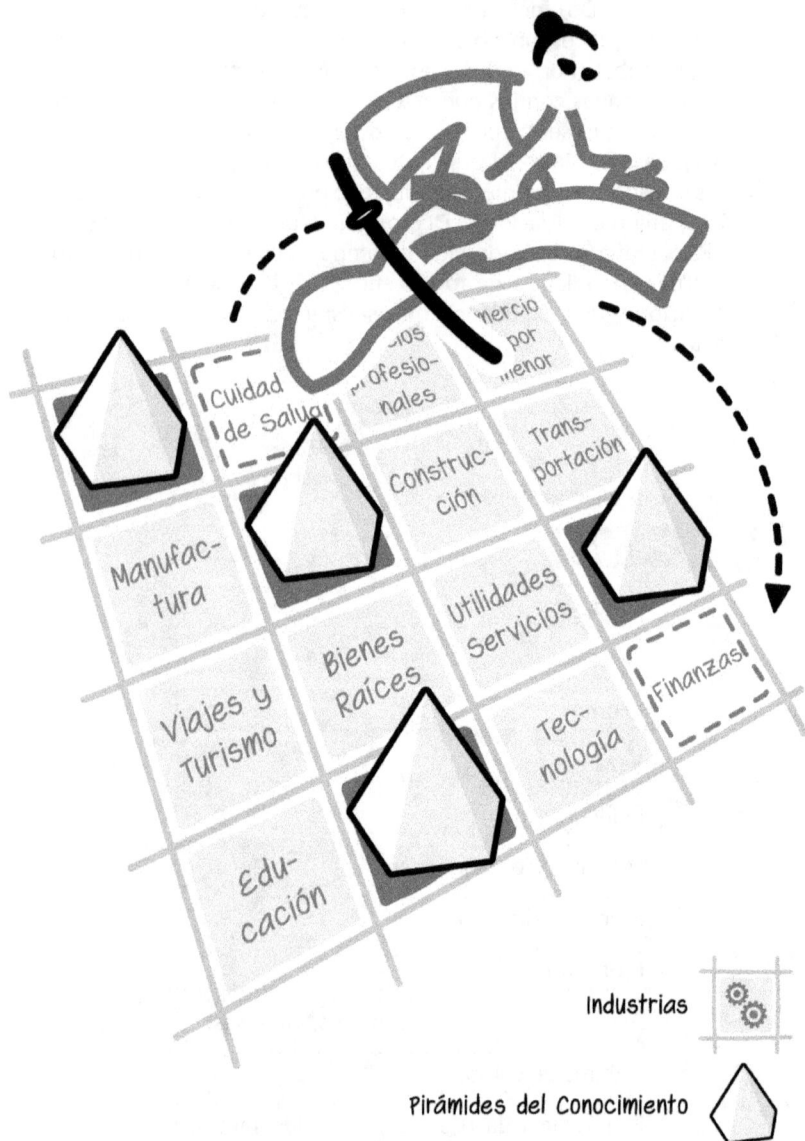

Cuidado
de Salud

...ios
Profesio-
nales

...nercio
por
...enor

Construc-
ción

Trans-
portación

Manufac-
tura

Utilidades
Servicios

Bienes
Raíces

Finanzas

Viajes y
Turismo

Tec-
nología

Edu-
cación

Industrias

Pirámides del Conocimiento

Dimensión 6:

Industrias

Creo que el buen marketing trasciende las diferencias sutiles en industrias específicas. Si eres un fuerte comprador de medios o redactor creativo en la asistencia médica, por ejemplo, debes ser capaz de portar ese conjunto de habilidades a una cuenta de servicios financieros. Las mejores prácticas de los 7 pilares son usualmente escépticas y mantienen su valor en todos los niveles. Habiendo dicho esto, estos datos incluyen la terminología, el tono, las tendencias, las regulaciones y una estructura de poder (como política) en cada industria que toman tiempo para llegar a sincronizarse entre sí. El fracaso para estudiar y cumplir con este dominio de conocimiento puede ser perjudicial para una compañía y su marketing.

El número de industrias (D6) puede oscilar entre 30 a 100, dependiendo de la lista de quien estés usando y que tan detallado lo hagas. La mayoría de las industrias de nivel superior tienen cinco o más subsectores, de forma que la depuración y potencial asociado para que la especialización vaya más a fondo. A lo que se refiere a los profesionales de marketing se debe acertar un balance entre encontrar las industrias de nuestro nicho que nos inspiren y mantengan en perspectiva del panorama global, principios trascendentales de marketing. En Blueliner hemos prestado servicios a clientes en casi todas las industrias desde 2001. Mi filosofía ha continuado escéptica en términos generales, mientras construimos nuestros equipos alrededor de muchas industrias fundamentales donde tenemos más éxito (Por ejemplo, viajes y turismo, atención médica y Startups).

Algunas industrias cambian más rápido que otras y por tal motivo son más abiertas a ideas de Marketing vanguardistas. Industrias que son altamente reguladas como la Atención Médica y Servicios Financieros tienden a ser más conservadoras y menos vanguardistas en ciertas áreas de Marketing. La ventaja es que reduce el alcance de las estrategias posibles (M3) y el tiempo que conlleva una lluvia de ideas (M1). Los modelos de retorno a la inversión (ROI) y (M2) son bien conocidos, asi que los benchmarks son predefinidos. En cambio, las startups de tecnología y los medios son menos estructurados o en su lugar hay restricciones para los benchmarks, lo que abre puertas mucho más creativas y oportunidades para innovar.

El Pasado

El Futuro

	p1 Contenido	p2 Diseño	p3 Búsqueda	p4 Medios	p5 CRM	Social PILAR 6	p7 Móvil

m1 Lluvia de ideas

m2 ROI

m3 Estrategia

m4 Personas

m5 Herramientas

m6 Ejecución

Analíticos Modo 7

p6 Medios Sociales	m7 Análisis	Nivel 7 Maestro		Julie

Misión: Use la Matriz 49 para evaluar su desempeño en el pasado y trazar un mapa hacia sus objetivos futuros en una o varias sub secciones del ecosistema del Marketing

Análisis x Medios Sociales	Año Pasado	Objetivos Futuros
# De Publicaciones de Blog		
# De cuentas en los Medios Sociales		
# De seguidores Activos en Twitter		
# De Fans en Facebook		
Acciones tomadas (Likes/Compartir/Menciones)		
# De Horas Invertidas		
Presupuestos Manejados		

Dimensión 7:

Tiempo [Eras]

En términos sencillos, D7 (Tiempo) puede dividirse en pasado, presente y futuro. Es fácil olvidar que las herramientas más indispensables en la actualidad no existían hasta hace muy poco. Antes de 2010, la mayoría de personas no contaban con smartphones ni aplicaciones móviles. ¡El internet tiene menos de 25 años! Cada 5 años es como si reiniciara una era completamente diferente, con nuevos actores, reglas y habilidades necesarias para sobrevivir. El cambio es constante y la velocidad de éste es cada vez mayor. Como profesionales del marketing, la D7 nos ayuda a organizar nuestras metas, equipos, campañas y conocimiento con base a periodos de tiempo específicos, ya sea trimestral, anual o que se extiende a varios años. También se necesita saber cuánto tiempo conlleva realizar una tarea, lo que nos devuelve al CP1: dominio del tiempo y conocimiento propio. En la producción de planes de negocios, el cronograma es primordial, abordando el pasado (Historia de la compañía y de la gerencia), el presente (Ideas actuales y estado) y el futuro (Necesidades de capital y objetivos).

Esta es la dimensión más remota porque pone todo en perspectiva. Como profesional del marketing, su entendimiento de la historia y las tendencias lo pondrán un paso adelante, dándole el conocimiento para ayudar a guiar a sus clientes y compañeros a través de la incertidumbre y las oportunidades. Las tácticas que funcionan hoy no estarán de moda o funcionarán de la misma forma mañana. Por ejemplo, un segmento completo de profesionales de Marketing y marcas sostienen el aliento colectivamente cada vez que Google cambia su algoritmo en el mundo del SEO (Posicionamiento en buscadores). En este ambiente miles de millones de dólares se están apostando y la carta para el éxito se llama adaptabilidad.

"Aquellos que no aprenden de la historia están condenados a repetirla"

¿Cómo mantenemos los principios de la Dimensión 7 vigentes en nuestro trabajo? Recomiendo tener una visión clara (en un plan a cinco años idealmente) para su propia profesión y cualquier empresa en la que tenga alguna participación. Estar orientado a los objetivos, al estudio de las tendencias, experimentar con nuevas ideas y esencialmente enfocar los esfuerzos para que el conocimiento no se vuelva obsoleto; son las claves para asegurarse que la dimensión del tiempo (D7) permanezca a favor de su lado.

La Química
es Importante

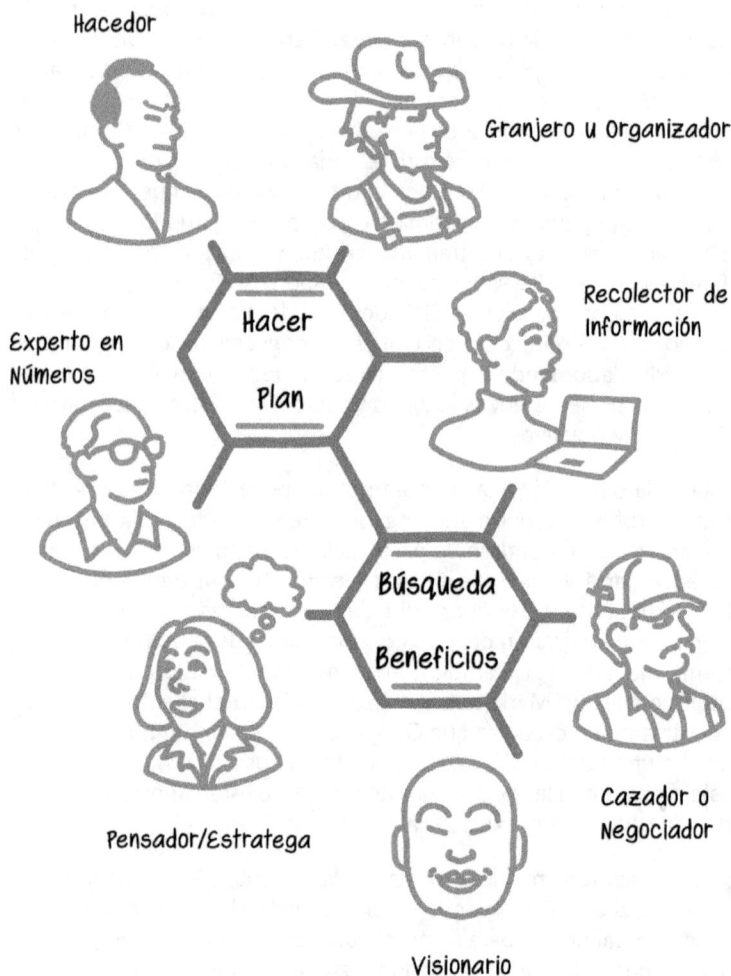

Los 7 tipos de personalidades en el Marketing [MPT]

"Conózcase a si mismo". Una de las claves para tener éxito en la vida y alcanzar la felicidad, es conocer quién es. Lo mismo ocurre con su profesión en Marketing. Los tipos de personalidades en Marketing (MPTs) representan un subgrupo del modo 4 (Gente). Después de haber trabajado más de veinte años con todo tipo de personajes, he reducido los prototipos a 7 distintas personalidades en el Marketing ¡lo ha adivinado!

Todos tienen algún porcentaje de las 7 cualidades en mayor o menor grado. Es fundamental tener una idea general de las áreas en que usted y sus colaboradores) son más fuertes y con las que están más alineados. Esto es analógico para nuestra composición astrológica por medio de la cual tenemos diferentes grados de todos los planetas y signos del horóscopo operando a través de nosotros. También hay diferentes niveles de cada cualidad. Por ejemplo, el L1 (Cinturón blanco) Granjero (uno de los MPTs) puede ser un asistente administrativo de primera, manteniendo las cosas en orden; mientras que el L7 (Cinturón azul) Granjero puede ser un un grandioso director ejecutivo o gerente general que dirige un grupo grande de personas.

Mientras la mayoría de personas tienen tendencias específicas hacia uno de los MPTs, algunos son versátiles y toman diferentes roles dentro de distintos grupos, dependiendo de la composición de ese grupo, lo que es una gran cualidad.

Aparte de los MPTs básicos, los individuos tienen otras cualidades (escalas de tendencias) que deben ser entendidas, especialmente por gerentes quienes crean culturas y construyen equipos coordinados. Aquí algunas escalas de tendencias que valen la pena mencionar cuando se trata de clasificar individuos:

Enseñar vs. aprender

Hacer vs. pensar / planear vs. Analizar

Orientación al detalle (Micro) vs. panorama global (Macro)

Introvertido (Independiente) vs. extrovertido (Sociable)

Orientado a sí mismo vs. a un equipo (aún si se es introvertido, a persona se puede unir a la causa del equipo; que puede interpretarse como extroversión).

MPT1:

Experto en números

Un pariente cercano del retorno a la inversion ROI (Modo 2) y Financiero (Ángulo 6) el Experto en números o Number Cruncher (NC) en inglés, observa el mundo de los negocios a través de los lentes de hojas de cálculo de Excel. Cada grupo de marketing necesita por lo menos un matemático o codificador experto para traer una perspectiva cuantitativa en la mesa. Los expertos en números traen una mentalidad científica, imparcial a la evaluación de campañas de Marketing, evaluación de tácticas en retorno a la inversión ROI y no su factor genial. Métricas más suaves, como reconocimiento de marca y satisfacción al cliente, aunque no es tan atractivo para el experto en números, puede también adquirir cierta importancia siempre y cuando se conecte al final.

Al igual que con todos los tipos, es importante para el experto en números no quedarse en una dimensión sino diversificar el proceso, añadiendo por lo menos una o dos perspectivas más a su arsenal de marketing. De lo contrario, corre el riesgo de ser catalogado como "poco creativo" o "demasiado rígido". Es semejante al científico escéptico que se rehúsa a aceptar las posibilidades que no son demostradas por exámenes de laboratorios formales. Por otro lado, si los expertos en números añaden habilidades para estrategias creativas y complementarias a su arsenal, ellos se pueden convertir en los profesionales en marketing más poderosos en el espectro.

Normalmente trabaja bien perfiles como: Recolector de información, granjero y visionario.

Herramientas Favoritas: Excel, Quickbooks, interfaz de programación de aplicaciones (APIs), codigos y bases de datos.

Algunas veces se enfrenta con: Creativo, cazador y hacedor.

MPT2:

Como pariente cercano de la lluvia de ideas (Modo 1), estrategia (Modo 3) inteligencia empresarial (Principio fundamental 5) y búsqueda (Ángulo 4), el recolector de información o Information Gatherer (IG) en inglés, cree en el poder de la información. Son los más rápidos y dinámicos rastreadores de páginas web y encuentran la información que el resto de nosotros no pensábamos que fuera posible ubicar. Son expertos en el análisis DOFA y pueden construir una presentación Power Point como ningún otro. Los recolectores de información forman unos excelentes analistas de negocios. Con la investigación de mercados como su eje fundamental, los recolectores de información pueden excederse en el análisis y sufrir de parálisis de análisis con frecuencia. Si esto se convierte en una tendencia, puede impedirles que sean decisivos y se vuelvan unos firmes gerentes de proyecto. Usualmente dudan de avanzar con base en la intuición y sin un plan perfecto.

Roles frecuentes:

Analista, investigador de mercado.

El recolector de información puede ser un amigo o un enemigo para los otros tipos dependiendo de qué tan bien apoyen las necesidades de las otras funciones (Por ejemplo, proporcionando búsquedas útiles relacionadas con las ventas que ayuden a cerrar negocios. Combinar las características del recolector de datos (IG) con el Experto en números (NC) con sus habilidades cuantitativas puede cosechar poderosos y verdaderos científicos resultados de marketing. Recolectar información puede ser un arte perdido entre los tipos de personalidades más atractivos de marketing. Dicho esto, nunca ha habido un mejor tiempo para ellos con la rápida expansión de información en internet siendo tan abierto y accesible como nunca.

Normalmente trabaja bien con: Experto en números, granjero y cazador.

Herramientas favoritas: Google, internet de alta velocidad y evernote.

Algunas veces se enfrenta con: Creativo, visionario y hacedor.

MPT3:

Cazador

El cazador de hecho tiene raíces en uno de los pilares tradicionales (tP5 Ventas) y refleja un carácter que es agresivo, proactivo e interactivo. Los buenos cazadores saben como salir y enganchar los que toman las decisiones y convencerlos de decidir a su favor. Ellos no requieren necesariamente del respaldo de una investigación o cifras sino que deben saber bien cómo utilizar esa información cuando esté disponible para ellos. Organizar y gestionar proyectos no es su fuerte. Si se les pone en este puesto, los cazadores con frecuencia dejaran pasar los detalles más precisos, incluso si es algo que le han prometido a los clientes.

El cazador puede convertirse en un tipo de personalidad unilateral si no es atenuado por otras energías. Vender ideas o proyectos que no son prácticos o presupuestados correctamente solo conducen a la decepción en todas partes al final. Pero el otro lado de la moneda es que cuando tiene que motivar un equipo, audiencia o grupo de accionistas, ningun otro perfil aparte del visionario es más encantador y convincente que un cazador bien entrenado.

Normalmente trabaja bien con:
Recolector de información, creativo y visionario.

Algunas veces se enfrenta con:
Experto en números, granjero y hacedor.

Herramientas Favoritas:
Millas de viajero frecuente, ferias de negocios, LinkedIn y un presupuesto saludable para viajes y entretenimiento.

MPT4:

Granjero

Mientras los cazadores traen la presa del dia, los granjeros la tienen que preparar para el banquete. Estrechamente relacionada con el Ángulo gerencial (A5) los granjeros hacen exactamente eso: gerenciar proyectos. Los buenos granjeros usualmente son conocedores, sencillos, orientados al detalle y reacios al riesgo. Ellos tienen los pies en el suelo y valoran la estructura, aun si pueden ser productivos en ambientes menos estructurados, lo cual es una gran ventaja si poseen esta flexibilidad. Si a los granjeros no se les da el suficiente apoyo o herramientas, les puede costar, especialmente si sus habilidades gerenciales no coinciden con al menos un cierto nivel de habilidades de implementación o "manos a la obra".

Roles Frecuentes:

Gerente, gerente general, primer ministro, supervisor, coordinador y organizador.

Los granjeros no son típicamente las personas más asociales pero saben cómo interactuar y llevarse lo suficientemente bien en a nivel laboral como para ser productivos en grupos.

Normalmente trabaja bien con:
Recolector de información, experto en números y hacedor.

Algunas veces se enfrenta con:
Creativos, visionarios y cazadores.

Herramientas Favoritas:
Hojas de excel, presupuestos aprobados y software para gestión de proyectos.

MPT5:

Pensador – Estratega

Roles Frecuentes:

Creativo, expositor y Director creativo.

Los creativos (IM o IW) hombre y mujer respectivamente, son una chispa y fuente de energía creativa que brilla en las primeras etapas del proyecto y en el modo 1 (Lluvia de ideas o Brainstorming) Ellos pueden ser alocados, tener un carácter carismático y un gran potencial como líderes corporativos (Por ejemplo: Visionarios ambiciosos). Usualmente, no les gusta que los controlen ni les pongan límites y tienden a funcionar mejor en ambientes más abiertos, no corporativos y que estimulen su creatividad. No tienen interés en definir o gestionar el alcance de un proyecto. En su mente, todo es posible, aún si el presupuesto es limitado.

A los creativos no les importa las estadísticas y se pueden quedar dormidos cuando los expertos en números o granjeros estan presentado sus casos. Pueden irritar a los otros con su pensamiento que se va por las ramas y su producción de ideas sin interrupción.

La fuerte energía mental que poseen los creativos necesita ser balanceada ya sea dentro de o por su equipo, con tipos más fundamentados que puedan de hecho enfocarse en manifestar y explorar la viabilidad de esas ideas.

El hacedor le dice al creativo "1% inspiración, 99% sudor. ¡Ahora volvamos al trabajo!" El creativo contesta: "Cada gran compañía y campaña de marketing comienza con una idea. Trabajar sin la visión no tiene propósito. El balance es la clave".

Normalmente trabaja bien con:
Recolector de información, visionario y cazador.

Herramientas Favoritas:
Paredes como pizarras, tableros de estados de ánimo, sesiones espontáneas de lluvias de ideas y colaboradores activos.

Algunas veces se enfrenta con:
Experto en números, hacedor y granjero.

MPT6:

Hacedor

El eslogan de Nike, "Just Do it" o "sólo hazlo" es el eslogan de un hacedor, una persona que está enfocada en la acción, a quien le gusta vivir en el modo 6 (Ejecución). Este es el tipo más recursivo y no le temen a aprender cosas nuevas. El hacedor es un caballo de guerra, quien no es particularmente amante de las reuniones, la jerarquía y la burocracia. Ellos solamente quieren conocer sus tareas y que se les den el espacio para hacerlas en paz. No están satisfechos hasta que el trabajo no está terminado y bien hecho.

Los hacedores se "conectan" como en la pelicula "La Red Social" y se molestan con los que no se sienten cómodos de estar en la zona. Eliminar las tareas reduce su ansiedad y prácticamente se convierte en una adicción. Este tipo de profesionales de marketing enfocados y fundamentados se irritan con los pensadores más abstractos entre nosotros, como los creativos y visionarios. Sin embargo un visionario firme sabe cómo asociarse con los hacedores y canalizar sus habilidades de forma productiva. Los recolectores de información también pueden molestar a los hacedores por la duda de los IGs al meterse de lleno en una tarea hasta que tengan información de respaldo.

Normalmente trabaja bien con:
Granjero, experto en números y visionario.

Herramientas Favoritas:
Reuniones canceladas, WiFi gratis del aeropuerto, Café de la mañana, y lugares de trabajo silenciosos.

Algunas veces se enfrenta con:
Recolector de información, creativo y cazador.

MPT7:

Visionario

Roles Frecuentes:

Líder, jefe estratégico, jefe, director ejecutivo, presidente. El más poderoso que debe estar a un nivel superior a 3 o mayor que los tipos de personalidad anteriores.

El visionario es el más desarrollado de todas los tipos de personalidades en marketing. Ellos parecen estar siempre un paso adelante. Su lúcida comprensión de los problemas de un negocio en particular y las soluciones óptimas, cuando coinciden con una habilidad que articule esa visión cosechan un potencial incomparable. Ellos ven el panorama completo mejor que nadie y al mismo tiempo, muy conscientes de sus necesidades, rara vez se preocupan de los detalles. Estas personas motivadas por una misión (como Mark Zuckerberg o Bill Gates) se dan cuenta rápidamente que son los más listos en el recinto y con frecuencia toman el ángulo de emprendimiento (A7), abriendo nuevos caminos de innovación. (Principio fundamental 4). Ellos no aspiran a dominar algún tipo de servicio o conjunto de tácticas, ellos quieren recrear el juego por sí mismos.

Dependiendo del nivel de sensibilidad del visionario, el equipo que lo rodea debe estar en la capacidad de alimentarse de su energía y no al revés. Un visionario no tiene lugar siguiendo instrucciones de un granjero o cazador, quienes rápidamente sofocarán su creatividad. En un sentido el visionario es una forma desarrollada de otros varios tipos combinados de personalidad, posiblemente de todos. Los visionarios evolucionados y fuertes tienden a atraer todo tipo de talento así como a personas menos talentosas, quienes a veces se alimentan de su energía. Ellos saben cómo manejar su energía y cómo aprovechar el conocimiento colectivo de sus equipos, respetando la necesidad de cada tipo de personalidad en Marketing (MPT) en un proceso balanceado e integral.

Normalmente trabaja bien con: Experto en números, creativo, cazador y hacedor.

Herramientas Favoritas: TED Talks, Evernote, programas BETA, abrir nuevos caminos y nuevos inventos.

Algunas veces se enfrenta con: Recolector de información y granjero.

Conozca su mejor momento del día.

Madrugador   Transnochador

Mientras identificas tu principal personalidad en Marketing, también es importante saber si eres un "madrugador" o "trasnochador". Si eres el tipo de personas que se despierta al amanecer para enfrentar el día, entonces probablemente eres un madrugador. Eres muy productivo y enérgico al comienzo del día.

Los trasnochadores son exactamente lo contrario. Ellos son más efectivos redoblando esfuerzos en un cuarto oscuro y en medio del brillo de la pantalla de un computador. Pueden trabajar durmiendo poco y bajo la libertad de la noche. Ser trasnochador definitivamente va contra la corriente del mundo formal corporativo, pero los tiempos están cambiando y estamos descubriendo que más personas preferirían este estilo de vida y son más productivos si se les diera la libertad de trabajar en su condición máxima.

Para que un equipo se integre eficiente y constantemente, es crucial que usted sepa y sea consciente de cuando usted y todos los demás alrededor suyo son más productivos. La clave es ser flexible cuando se trate de manejo del tiempo, horas de reunión y comunicación. Mientras todos se tienen que adaptar a trabajar fuera de su máxima zona de productividad, es como obligar a una pieza cuadrada entrar en una superficie redonda, nunca funciona en el largo plazo.

D2 | M4 | MPT

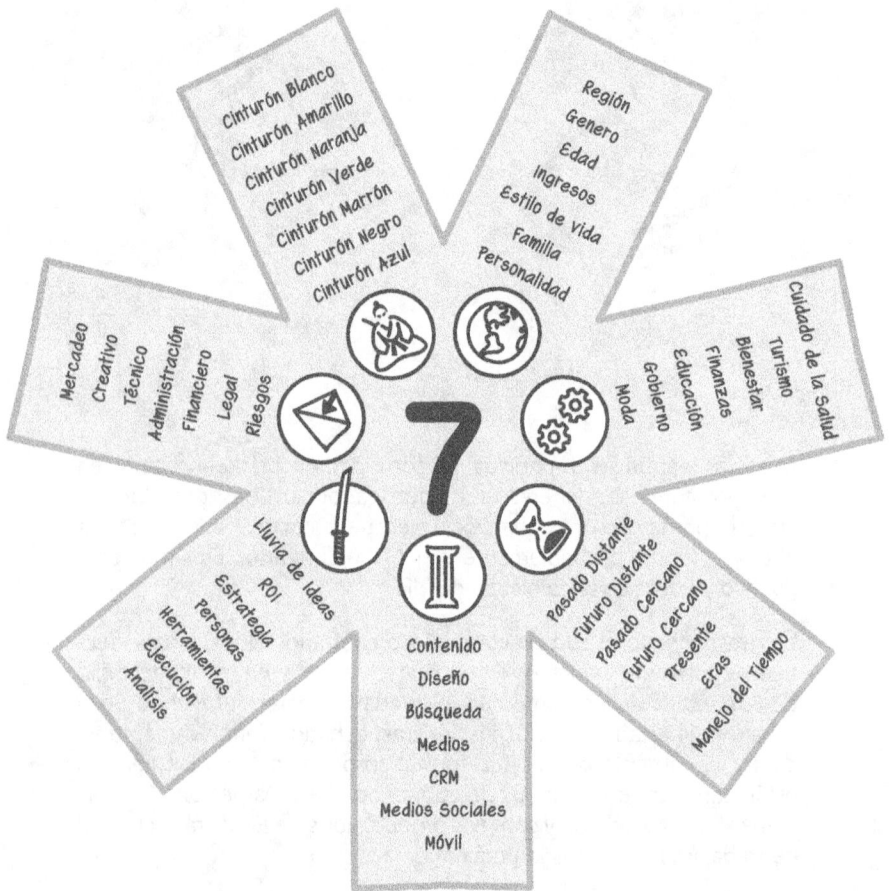

Conclusiones y seguimiento

Espero que haya disfrutado de esta introducción a los 7 pilares, ahora es momento de poner en práctica lo que ha aprendido. Este no es un marco teórico, por lo contrario, es una guía práctica de marketing que se puede aplicar por individuos, compañías, campañas, para paginas web, planes de marketing y presupuestos.

Quiero dejarle cuatro tips, para ayudarle en su camino hacia la excelencia en marketing.

1) Frescura: Permanezca fresco en la práctica y mantenga un enfoque flexible con respecto al aprendizaje. Hay mucho que aprender en este campo de rápida evolución, que es precisamente la razón por la que debe usar un sistema que le ayude a organizar su conocimiento en cualquier nivel que se encuentre.

2) Enfoque: No se agobie ni se sobreestime a sí mismo solo por impresionar a otros o incrementar su hoja de vida. Esto siempre resulta contraproducente y no le aporta nada. Elija 2 o 3 áreas para mantenerse actualizado y no intente hacer demasiadas cosas al mismo tiempo.

3) Macro: Mantenga el panorama completo en mente. Desarrolle un hábito macro-micro de ir a los detalles y luego regresar fuera del asunto para ver el panorama más amplio.

4) Principios: No se quede atrapado en las nuevas tendencias de marketing. Todos queremos estar al tanto de las actualizaciones en nuestros campos respectivos pero para ser honestos, el 90% de los principios de marketing no están bien hechos, lo que en su mayoría, no ha cambiado de manera drástica. En las escuelas de karate los estudiantes siempre comienzan con las técnicas básicas y comienzan a construir desde ahí.

Espero que éste sea tan solo su primer paso en el camino de los 7 pilares. El marco se está desarrollando constantemente y evolucionando a medida que se pone el asunto en la mesa. Los más recientes recursos, aplicaciones, eventos, estudios de caso, plantillas y noticias acerca de los 7 pilares están disponibles en la página web www.7pilllarsdigital.com. ¡Nos vemos en el universo digital!

La Academia de los 7 Pilares del Marketing Digital

La Academia de los 7 Pilares del Marketing Digital, LLC, es un centro de aprendizaje con un contenido original, presentando sesiones de entrenamiento tanto en nuestras instalaciones como en forma digital o en línea, dirigido a todos aquellos que aspiran a la excelencia en los campos del Marketing y la tecnología del Internet. El Sistema de los 7 Pilares está basado en la vasta experiencia de veteranos en la industria, específicamente mercadologos digitales y técnicos de la agencia Blueliner Marketing, LLC, una agencia de marketing digital, global, fundada por Arman Rousta y Dali Singh en el 2001. Los 7 Pilares han sido incubados en los laboratorios de innovación de Blueliner en Jersey City, NJ.

La Academia de los 7 Pilares educa individuos y empresas a ser capaces de:

1) Incrementar su IQ (nivel de conocimiento) Digital y mantenerse informados de las ultimas estrategias digitales disponibles;

2) Aprender como evaluar las aptitudes individuales para ser un mercadologo exitoso, encontrando la trayectoria y habilidades correctas a combinar y desarrollar conjuntamente;

3) Manejar campañas de marketing eficientemente, con un fuerte ROI (retorno sobre la inversión) y un sistema de medidas claves (KPI) eficiente.

Puede encontrar más información sobre nuestra oferta de servicios en 7pillarsdma.com.

Sobre el Autor

Arman Rousta es un emprendedor y empresario responsable del surgimiento y formación de varias exitosas empresas, incluyendo Blueliner, Ajustco, 401kid y Exeter Technologies. Arman ha creado el sistema de Los 7 Pilares, el cual ha sido y está siendo utilizado,- generando millones de dólares en Marketing, ROI, por empresas que forman parte del grupo Fortune 500, startups, empresas sin fines de lucro y entidades gubernamentales a nivel mundial.

Arman es un maestro en el manejo del tiempo, dedicado a la enseñanza holística, del manejo efectivo del tiempo y la vida, Sistema Timebug, por Arman Rousta - a clientes empresariales, corporaciones e individuos.

Arman es co-inventor del producto estrella Parkzone, en la industria de seguridad, patentado, que ha generado millones de dólares desde su lanzamiento en 1998.

Arman es también el Co-fundador de Ajustco, una empresa dedicada al desarrollo de productos, en la que Blueliner ha implementado la metodología de los 7 Pilares; Actualmente Ajustco ofrece su innovación a la industria Ferretera, vía empresas como Home Depot y miles de ferreterías a nivel mundial. Ajustco es ganadora de reconocimientos por su producto innovación patentado.

Así mismo Arman realiza conferencias y entrenamientos relacionados a los negocios, liderazgo, marketing y manejo efectivo del tiempo y la vida, en todo el mundo.

Arman es egresado de la Universidad de Columbia, cuando estaba cursando sus estudios universitarios formo parte del equipo de Futbol Academic All Ivy League. Es nativo de la cuidad de New York, nació y creció en Staten Island y en la actualidad reside en Jersey City, NJ.

La dirección electrónica del blog personal de Arman es www.armanrousta.com.

Glosario

Above the Fold – La parte visible de la página web sin la necesidad de bajar el cursor.

Accionistas – Una persona con un interés o preocupación por un negocio, relacionado con el Modo 4 (Gente).

Acelerómetro – Instrumento que se utiliza para medir la aceleración, típicamente encontrado en la mayoría de los aparatos móviles. A continuación un ejemplo de una de las plataformas que utilizan este instrumento: Snapchat, la cual captura la velocidad con la que la imagen es capturada (¡no maneje y Snap!).

Activos Creativos – Todos los elementos que forman parte o son dirigidos desde la Marca o del diseño del contenido que una empresa crea y posee. Generalmente cae en el Pilar 2 (UX- experiencia del usuario), pero también es parte del Pilar 1 (Contenido) y Branding (Tp2).

Activos de vídeo – El contenido de video perteneciente a una compañía para uso digital en su página web o canales de medios sociales. Una parte fundamental del Pilar 1 (Contenido).

Agencia de Marketing – Un negocio de servicios, que crea, ejecuta estrategias de Marketing para sus clientes.

Alcance orgánico – El número total de personas exclusivas a las que se le muestra contenido a través de distribución no paga. Una subsección del Pilar 6 (Medios Sociales).

Análisis – El análisis estadístico de datos con la finalidad de optimizar el desempeño de una página web, una campaña de marketing etc.

Ángulo Agudo – Hace parte de la Dimensión 4 (Ángulos), estos son componentes críticos con un conjunto de habilidades más especializadas que ayudan a darle forma y organizar los Pilares y por consiguiente el Universo del Marketing.

Ángulo Financiero – Este Angulo Agudo pertenece a la personalidad Matemática (MPT1). Fuera de las operaciones financieras o funciones de contabilidad y análisis, las habilidades financieras le permiten guiar proyectos y mantener el control y presupuesto.

Ángulos Planos – Dentro de los 7 Ángulos (Dimensión 3), los ángulos Planos (ejemplo: Marketing, Creativo y Técnico) tienen mucho más oportunidades en Marketing y son más especializados, generalmente mucho más actividades y proyectos dirigidos a un gran público o audiencia.

Animación – Una simulación de movimiento creado mediante el despliegue de una serie de imágenes o marcos en varias posiciones.

Anuncios Banner – Banner Adds – Anuncios basados en la imagen utilizados para promover una marca, productos o servicios y /o crear tráfico desde la página web principal (host) hacia la página web del anunciante.

Aplicaciones de productividad – Cualquier programa o aplicación en un Smartphone o Tablet, usado para optimizar la productividad de una persona. Por ejemplo, a través del seguimiento del tiempo, programación de tareas y asignación de recordatorios. Este hace parte del Pilar 7 (Móvil) y el Principio Básico 1 (Manejo del tiempo).

Aplicaciones móviles – Un programa de computador diseñado para correr en dispositivos móviles como Smartphone y tabletas. Parte del pilar 7 (Móvil).

APP – Abreviación para indicar "Aplicación"; Es un programa especial diseñado con una función en particular. Es descargado por el usuario a un aparato en particular, más comúnmente utilizado en móviles.

Asignación de Presupuesto / Presupuestar – La acción de asignar los recursos financieros necesarios para cada acción de marketing, con la finalidad de obtener exitosos resultados, ROI, de acuerdo a los objetivos financieros trazados.

Audiencia – Su audiencia es la población a la cual usted está dirigiendo su campaña, estrategia, comunicación o publicidad, con una llamada a la acción o respuesta.

Automatización – La Automatización en Marketing utiliza programas y tecnologías que efectivamente utiliza diferentes canales a la vez (ejemplo- correos electrónicos, medios sociales) para automatizar actividades repetitivas. Este es otro componente clave del Pilar 5 (CRM), relacionado con el seguimiento a los clientes potenciales.

Bing – Un motor de búsqueda en el internet (search engine) creado y operado por Microsoft la cual obtuvo 20% de participación en el mercado de la búsqueda en línea durante el 2015.

Blog(s) – (sustantivo) Una página de internet que continuamente es actualizada o una página web con un contenido especializado. (Verbo) "el bloguear" – escribir sobre algo, publicar un documento original con referencia a un tema específico.

Brainstorming / Lluvia de Ideas – El Modo (M1) que involucra la recopilación y generación de todo tipo de ideas e información, generalmente es practicada durante la fase de Descubrimiento de un proyecto o campaña.

Brochures/Folletos – Documento en formato de revista o libro pequeño que contiene imágenes e información acerca de una empresa, producto o servicio.

Buscadores – Un programa que realiza búsquedas e identifica cosas en una base de datos que corresponde a palabras clave o caracteres dados por el usuario, utilizados a fin de encontrar paginas particulares en internet. Un componente principal del Pilar 3 (Búsqueda).

Búsqueda – Pilar 3 (Búsqueda) corresponde a los Principios de Búsqueda en la web incluyendo buscadores, búsqueda dentro del sitio web, búsqueda de producto y búsqueda de cualquier tipo dentro del nicho específico de la web.

Búsqueda de Keywords – Con frecuencia utilizada en el primer Pilar (Contenido), el tercero (Búsqueda) y el cuarto (Medios), es una práctica que los profesionales en Marketing Digital usan para encontrar e investigar términos reales de búsqueda que las personas escriben en sus motores de búsqueda.

Búsqueda Insite – La función que permite buscar y navegar en el contenido de un Website, (ejemplo buscar un producto en Amazon.com) Parte del Pilar #3 (Búsqueda Orgánica).

Búsqueda local – Búsquedas contra bases de datos estructuradas con listas de negocios locales determinados a través de segmentos geográficos de una audiencia objetivo. Perteneciente al Pilar 3 (Búsqueda).

Búsqueda orgánica – Una parte del Pilar 3 (Búsqueda), cubre las listas en las páginas de resultados de los buscadores que aparecen debido a su relevancia para los términos de búsqueda, a diferencia de los que son anunciados.

Calendario de Contenido – Calendarios editoriales que son utilizados para definir los procesos de la empresa o agencia que van desde la creación del contenido hasta la publicación.

Campaña – Una serie de acciones coordinadas para la promoción de un producto, servicio o empresa usando una variedad de tácticas de marketing, diferentes medios, incluyendo Televisión, Radio, Impresos, Internet etc.

Canales de Marketing – La colección de prácticas de Marketing o actividades necesarias para transferir la propiedad de bienes desde el momento de producción hasta el de consumo. Estos se deciden bajo el Modo 3 (Estrategia).

Capacitación del staff – El proceso de proveer a su staff programas estructurados para mejorar sus habilidades e incrementar el desempeño en su trabajo, bajo el Modo 4 (Gente).

Características (Chéveres para tener) – Características de una aplicación, página web, campaña o proyecto que puede no ser esencial pero podría aumentar su efectividad. Los profesionales de Marketing quizás tengan que abstenerse de integrar estos atributos si enfrentan restricciones, ya sean a nivel financiero o de tiempo. Generalmente descritas a grandes rasgos en el Modo 1 (Lluvia de ideas) y decididas en el Modo 3 (Estrategia).

Cazador – El Cazador es aquel centrado en las ventas y refleja un carácter agresivo, proactivo e Interactivo (MPT3) Los Buenos Cazadores saben cómo obtener la atención de los responsables de las decisiones de compras y convencerlos de decidir a su favor.

Cinturón blanco – Un cinturón blanco es alguien muy nuevo para el mundo del Marketing y aunque pueden ser personas muy inteligentes, su coeficiente digital por cualquier razón aún no se ha desarrollado. Se encuentra bajo la Dimensión 4 (Los 7 Niveles).

CMP- Costo por Mil – Se refiere al modelo del pago en publicidad digital que una empresa realiza por cada 1000 impresiones publicitarias en una página de web en particular.

Cold-Calling – Llamadas Telefónicas no solicitadas – El acto de realizar llamadas telefónicas o visitas no solicitadas por el receptor con la finalidad de vender un producto o servicio.

Comercial, Anuncio – Publicidad vía Radio o Televisión.

Competencia – Otras empresas y proveedores de servicios que operan en los mismos mercados y se dirigen a la misma audiencia a la que usted se dirige.

Comunicado de prensa – Una declaración oficial emitida a los periódicos, dando información en un asunto particular. Hace parte del Pilar Tradicional 4 (PR).

Conocimiento de la Marca (Brand Awareness) – La capacidad de los consumidores de reconocer la imagen o las características diferenciadoras de la marca de un producto o servicio.

Conocimiento del Territorio – El conocimiento real de una Industria o mercado son requerimientos esenciales para el desarrollo de una estrategia de marketing exitosa. La Dimensión 6(industrias) es de vital importancia en el Sistema de los 7 Pilares.

Construcción de enlaces – Link building – El proceso y la técnica SEO de adquirir hiperlinks de otras páginas web a la su propia página para aumentar el ranking de page authority en Google. Hace parte del Pilar 3 (Búsqueda).

Consumo Colaborativo – Cuando un grupo de amigos o colegas son testigos u participan de un evento al mismo tiempo pero desde diferentes ubicaciones.

Contenido de Marketing – El proceso de crear y distribuir contenido valioso y relevante con la finalidad de atraer, adquirir y captar la atención de una audiencia determinada creando una acción por parte del cliente que genere beneficios para la empresa.

Contenido localizado – Contenido escrito específicamente para un área geográfica o localidad. Esto hace parte del Pilar 1 (Contenido) y usado en conjunto con una estrategia de búsqueda local dentro del Pilar 3 (Búsqueda).

Contenido – Pilar 1 tanto en el Marketing Tradicional como en el Digital. Los activos promocionales que una empresa posee o crea acerca de sus productos, servicios o industrias. Esto incluye redacción publicitaria-copy writting – (ejemplos: páginas web, brochures, blogs, etc.) video, audio, and imágenes visuales.

Copywritting – Redacción Publicitaria – Es el proceso de producir contenido por escrito en la web o impreso que es usado para persuadir una audiencia en específico para incrementar el conocimiento de marca.

P1 Contenido

P1 Contenido

P1 Contenido

CPA – Costo por Adquisición / Acción – Se refiere al modelo del pago en publicidad digital que una empresa realiza por cada especifica acción realizada por su público objetivo en respuesta a su publicidad digital (ejemplo, registración, venta etc.).

CPC – Costo por Clic – PPC-Pago por Clic – Se refiere al modelo del pago en publicidad digital que una empresa realiza por cada vez que un usuario haga clic en su anuncio. Google Adwords y sus principales redes de búsqueda fueron edificadas y son sostenidas por el PPC.

Creadores de Contenido – Una persona o grupo de personas quienes coordinan y crean el contenido para la estrategia de Marketing y Comunicación de una empresa.

CRM – Gestión de Relaciones con el cliente- Se refiere al sistema tecnológico que una empresa utiliza para el manejo de las relaciones con clientes potenciales y actuales con la finalidad de organizar y automatizar las acciones de marketing, ventas, servicio al cliente y soporte técnico. CRM es el Pilar 5 de 7, con un enfoque en el seguimiento a potenciales clientes y retención de los actuales mediante estrategias como correos electrónicos personalizados.

Crowdsourcing – El acto de recaudar información u opinión para un fin determinado mediante la utilización de un grupo de personas, ya sea pagado u orgánico, generalmente vía el internet. Esta actividad cae bajo el Pilar 6 (Medios Social).

CTA – Llamado A Acción – Call to Action (ingles) – Se refiere a la instrucción dada al público objetivo para obtener una respuesta inmediata, usualmente mediante el uso de un verbo imperativo. (Ejemplo "Leer más" o "Regístrese aquí").

CTC – Clic para Llamar – Clic to Call (ingles) – Se refiere a la forma de comunicación en línea – activa- en que el usuario hace clic en un botón, imagen, texto en una página web o en los motores de búsqueda (ejemplo google, yahoo.etc) e inicia una llamada telefónica.

Data – Datos recopilados y analizados, hechos y estadísticas que son utilizados para obtener conocimiento y complementar una estrategia de marketing.

Desarrollo de APP – El proceso completo para desarrollar una aplicación desde la Conceptualización hasta la terminación, comúnmente para los sistemas operativos de OIS y Androids.

Desarrollo web – Un término usado para describir el trabajo implicado en el desarrollo de un sitio web para internet o intranet (una red privada). Esta actividad está relacionada con el Pilar 2 (Diseño).

Difusión de conocimiento – Principio básico 6 (difusión de conocimiento), es la actividad a través de la cual el conocimiento (información, habilidades y experiencia) se intercambia a través de los diferentes miembros del equipo de Marketing. Con frecuencia presente en M1 (Lluvia de ideas).

Directrices de la marca – Un documento o procedimientos que explican como las marcas deben comunicarse con sus consumidores y su mercado objetivo. En general incluye el logo, eslogan, colores, empaques, tono de voz, estrategia de comunicación y mucho más.

Diseño – Todas las formas de Diseño y Experiencia del Usuario (UX), incluyendo pero no limitado al desarrollo de páginas Web, Hosting, mantenimiento y diseño Web. Diseño es el Pilar 2.

Diseño Adaptado – Un concepto en diseños de página web donde su página web es optimizada gracias a la visibilidad en varios aparatos mediante el uso de predefinidos diseños que se basan en el tamaño o dimensiones de las pantallas. Adaptado es similar a Diseño de Respuesta. (Responsive Desing).

Diseño de productos – El proceso de crear un nuevo producto para que sea vendido por un negocio a sus clientes.

Diseño receptivo – Un acercamiento a la creación de páginas web que contiene un formato e imágenes flexibles e inquietudes en hojas de estilo en cascada. El diseño receptivo es un principio del Pilar 2 (Diseño) y la meta es construir páginas web que detecten el tamaño de la pantalla del visitante y la orientación; y que el diseño cambie de acuerdo a estos factores.

Diseño web – Las diversas habilidades y disciplinas en la producción, diseño y mantenimiento de sitios web. Un principio básico en Pilar 2 (Diseño).

Dispositivo móvil – Un dispositivo computarizado portátil como un Smartphone o Tablet que tiene acceso a internet ya sea a través de WiFi o plan de datos. Hace parte del Pilar 7 (Móvil).

Email Marketing – La utilización de emails como publicidad, solicitar negocios, ventas o donaciones de una audiencia determinada con la finalidad de crear penetración, confianza o conciencia de marca.

P5 CRM

133

Emprendedor – Una persona u individuo que toma riesgos fuera de la norma, con la finalidad de manejar sus negocios.

Encabezado gráfico para un sitio web – también conocido como Hero imagen, este es un banner grande, primordialmente ubicado en una página web, generalmente al frente y en el centro y es un aspecto del Pilar 2 (Diseño).

Enfoque "Cookie Cutter" – Se enfoca en "falta de originalidad o distinción" y conlleva a resultados uniformes mediante el uso de "cookie cutters".

Enfoque Geográfico – Geo-Targetting – Un método utilizado para la entrega de contenidos diferentes al usuario dependiendo de su localización geográfica (ejemplo: País, Cuidad, Región, Estado, código postal, organización, dirección IP).

Enfoque Holístico – El enfoque empresarial donde todo el personal, productos, procesos y audiencia están involucrados en el proceso de las comunicaciones de Marketing logrando efectividad e integración.

Engagement Ratio – Una métrica sumamente utilizada para analizar el éxito de una campana o comunicación publicada en los medios sociales. Es el porcentaje de personas a quienes el mensaje fue dirigido y su interacción directa con el contenido. (Ejemplo Like, Comentario, compartir).

Eras – Diferentes periodos de tiempo utilizados como diferenciación en el campo del marketing. (Ejemplo: En términos de la tecnología disponible) Indicados como; Pasado, Presente y Futuro, u otro tipo de identificación de un periodo de tiempo.

Eslogan – Una frase pegajosa o eslogan usado primordialmente en el Pilar 1 (Contenido), Pilar tradicional 2 (Manejo de marca) y Pilar tradicional 3 (Publicidad).

Estrategia – Modo 3 (Estrategia) comprende la creación y articulación de un plan de Marketing (utilizando uno o más pilares) con base en toda la información que los otros modos proporcionan y ponen al descubierto.

Eventos de Marketing – Pilar Tradicional 6. Todo evento pre-planificado, en vivo, promocional o educacional, presentación en programas de radio o televisión. Esto incluye Ferias de la Industria, conferencias, seminarios, ferias callejeras, conciertos, presentaciones, flash mobs, guerra de guerrillas o grass roots.

Experto en números – Un familiar cercano del retorno a la inversión (ROI) y finanzas, el experto en números ve el mundo de los negocios a través de los lentes de las hojas de cálculo de Excel (MPT1). Un familiar cercano (Modo 2) y Financiero (Ángulo 6)

Exposición comercial o feria de negocios – Una exhibición donde las compañías de una industria específica presentan y hacen una demostración de sus últimos productos, servicios, actividades de estudio de sus rivales y examinan las tendencias recientes del mercado y las oportunidades. Estas son un aspecto clave del Pilar tradicional 6 (Eventos de Marketing).

Facebook – Fundado por Mark Zuckerberg en el 2004. Facebook es la red social más popular. Permite al usuario la creación de un perfil, publicar fotos, videos, enviar mensajes y mantener en contacto amigos y familiares.

Fatiga APP – Cuando los usuarios experimentan desorientación ante creciente variedad de aplicaciones similares en el mercado. Este aspecto afecta la potencial descarga de su aplicación.

Fijación de Objetivos – Es el proceso de definir e identificar los resultados que se desean alcanzar y la medición de los mismos, considerando el tiempo de duración de una campaña en Marketing.

Flujo de Trabajo Ágil – Un modelo con pocas restricciones, un "flujo libre" de como ejecutar las actividades necesarias en una campana o proyecto. Esto difiere del modelo tradicional, ya que las actividades y acciones no necesariamente tienen que ocurrir en un orden secuencial o en definido tiempo y lugar.

Flujo de trabajo orgánico – Principio Básico 7 (flujo de trabajo ágil y orgánico) es un sistema que estimula los ajustes adaptativos para maximizar la productividad. Las personas con alto rendimiento en Marketing se amoldan a variaciones de diferentes estilos de trabajo. (Estructura vs. flexibilidad; sinergia entre el lado izquierdo y derecho del cerebro).

Fotografía de archivo o Stock photography – Un componente del Pilar 1 (Contenido), se refiere a las fotografías tomadas por un tercero y que cuentan con una licencia de uso comercial y promocional de una compañía.

Fotografía original – Imágenes con derechos de autor que son contratadas por las mismas compañías, son parte de (dP1) Contenido y también del Pilar tradicional 1 (Contenido).

Gestión del tiempo – La habilidad de usar su tiempo efectiva y productivamente especialmente en el trabajo. Un componente fundamental del Principio Básico 1 (Manejo del tiempo).

Google – Utilizado en Ingles tanto como un sustantivo como un verbo, Google es la plataforma de "Búsqueda" más popular del mundo con ocupando más del 67% del mercado. "To Google" algo o el significado de algo es un término utilizado para buscar o investigar algo en el internet. Optimizado para el Pilar #3 (Búsqueda).

Google + – Es el Social Media Network de Google el cual comparte noticias o acciones similares a las más populares plataformas y micro blogs sociales.

Google Adwords – Este es el sistema de publicidad de Google, en el cual los anunciantes pagan por ciertas Keywords en orden de utilizarlas en sus anuncios y obtener mayores clics y aparecer en los resultados de búsqueda en Google.

Google Algoritmos – Es la fórmula que Google utiliza para darle un Rank a las páginas que resultan de una búsqueda en la Web. Parte del Pilar #3 (Búsqueda).

Google Analytics – Un servicio gratuito que permite el análisis del desempeño y tráfico de una página Web.

Google Keyword Planner – Un programa que le asiste en la elección de Keywords relevantes y competitivos precios o presupuestos a invertir en su campana.

Google Mapas – Un servicio basado en la Web que provee información detallada acerca de la región geográfica y lugares específicos en el mundo.

GPS – Es una abreviatura para "Global Positioning System" – "Sistema de Posicionamiento Global- se refiere a un sistema de radio navegación que permite a los usuarios el determinar su posición o la de su destino en cualquier lugar del mundo, ya sea terrestre, marítima o aérea.

Granjero – Personalidad en marketing estrechamente relacionada con la Angulo Gerencial, los Granjeros (MPT4) eso es lo que hacen. Manejan proyectos. Los buenos Granjeros son generalmente estables, mantienen un perfil bajo, orientados a los detalles y evaden riesgos.

Groupthink – Pensando en Grupo – La acción de pensar o tomar decisiones en Grupo en una forma donde la creatividad o responsabilidad individual es eliminada.

Grupo de LinkedIn – Parte del Pilar 6 (Medios sociales) es un foro en línea organizado por los usuarios existentes de LinkedIn a los cuales se pueden unir otros para participar en las discusiones o hacer nuevas conexiones. Los usuarios se pueden involucrar en el Principio Básico 6 (Difusión de conocimiento activo).

Habilidades transferibles – Habilidades que desarrollan los empleados en una situación que puede trasladarse a otros contextos. Está relacionado con el Modo 4 (Gente).

Hacedor – Personalidad orientada a la acción, pertinente a la etapa de la Ejecución (Modo 6). Esta es la personalidad con más recursos en Marketing (MPT6); este individuo no teme la posibilidad de aprender algo nuevo y no está satisfecho hasta que las cosas estén perfectas.

Hashtag – Una palabra o frase precedida por el símbolo de número (#) que es utilizada para identificar, categorizar y organizar mensajes en Social Media de acuerdo al tema. Parte del Pilar #6 (Social Media).

Honorarios de la Agencia – Es el pago que recibe la Agencia de Marketing.

Hosting & Mantenimiento – El proceso de proveer almacenamiento, espacio y acceso a las páginas web manteniendo la funcionalidad de la misma en un periodo determinado de tiempo.

Incentivando – Creando iniciativas con la finalidad de incrementar el deseo del consumidor de responder positivamente y actuar ante un mensaje que llame a la acción, (ejemplo, ofertas especiales, programa de lealtad, descuentos, regalos promocionales etc.)

Indicador (de una compañía) – Un componente clave en el Marketing de una compañía y una estrategia de marca que se diferencie claramente de la de su competencia (por ejemplo, el contenido que producen y publican) Esto se relaciona con (dP1) Contenido, Pilar tradicional 1 (Contenido) y el Pilar tradicional 2 (Manejo de marca).

Industrias – Una forma particular, un sector económico o actividad comercial en particular. Dimensión #6 In el Sistema de Los 7 Pilares.

Info-comercial – Un programa de televisión que promueve un producto en una forma informativa y objetivamente. Una mezcla entre Pilar Tradicional #3 (Publicidad) y Pilar Tradicional #7 (Mercadeo Directo).

Ingresos estimados – El proyecto da un flujo de caja a una empresa, proyecto o campaña durante un periodo de tiempo definido en el futuro. Esto se puede usar como una herramienta para tomar decisiones y determinar qué tan viable es una inversión o la rentabilidad que tendría el proyecto. Hace parte del Modo 2 (ROI).

Innovación – CP4 – Uno de los principios Básicos. La acción o proceso de encontrar o crear soluciones a posibles problemas creando soluciones no exploradas anteriormente.

Instagram – Social Media Network que intercambia o comparte fotos y video entre sus usuarios, le permite al usuario tomar videos o fotos y compartirlos con sus seguidores. Hibrido entre M6 (Social) y M7 (Móvil).

Inteligencia de negocios – Un amplio rango de programas y aplicaciones combinadas con el pensamiento analítico, utilizado para evaluar los datos en bruto de la empresa, incluyendo el análisis de extensos archivos de datos, reportes y el análisis en línea de los procesos. Principio Básico (CP5) de los 7 Principios Básicos.

Interacción con Leads – El proceso de alimentar y comunicar los leads en potencia actuales y futuros.

Investigación cuantitativa – Un proceso formal, objetivo y sistemático, en el que se usa datos numéricos para obtener información acerca de los mercados. Este tipo de investigación de mercados sucede en la Lluvia de ideas (Modo 1), Estrategia (Modo 3), Inteligencia empresarial (Principio Básico 5) e Investigación (ángulo 4) y usualmente se lleva a cabo por el Recolector de información (MPT2).

Investigación A/B Pruebas – Testing – Es un tipo de investigación en Marketing donde hay elementos variables que son cambiados en un ambiente controlado (ejemplo Publicidad en Facebook) y de esta manera determinar la vía efectiva para la ejecución de campaña de Marketing (ejemplo mayor número de clics).

Investigación cualitativa – Investigación exploratoria, no numérica que se usa para ganar entendimiento de motivos subyacentes, opiniones y motivaciones en un mercado. Es una clasificación de la investigación de mercado que sucede en la Lluvia de ideas (Modo 1), Estrategia (Modo 3), Inteligencia empresarial (Principio Básico 5) e Investigación (ángulo 4) y usualmente se lleva a cabo por el Recolector de información (MPT2).

Investigación de mercado – El proceso de recolección, análisis e interpretación de la información acerca del mercado con el fin de tomar decisiones óptimas y con conocimiento para darle forma a una estrategia efectiva de Marketing. Esto es una intersección de Lluvia de ideas (Modo 1), Estrategia (Modo 3), Inteligencia empresarial (Principio básico 5) e investigación (Ángulo 4) y usualmente es realizada por el Recolector de información (MPT2).

Keyword – Una palabra en particular o frase que describe el contenido de una página Web relacionada con una empresa, producto o servicio. Relevante para el Pilar # 3 (Búsqueda Orgánica) y 4 (Medio en Internet).

KPIs – Un acrónimo para "Key Performance Indicator o Indicador Clave de desempeño" en español, que se refiere a las métricas empleadas para evaluar los factores que son cruciales para el éxito de un proyecto o campaña de Marketing. Usualmente estos se establecen durante M3 (Estrategia), evaluada en M7 (Analytics) y tienen relación con el principio básico 2 (Motivado por objetivos).

La Matriz 49 – La Matriz 49 es una herramienta visual, una plantilla para realizar auditorías y planes en Marketing para individuos, empresas, agencias, campanas, páginas web y productos. Puede ser visualizada como un tablero de ajedrez de 7 dimensiones, donde se juega con el Marketing de forma estratégica. Las primeras dos dimensiones (7 Pilares x 7 Modos) generan 49 bloques, cada uno de los cuales especifica las mejores prácticas y genera las más importantes preguntas del Marketing.

Las 7 Dimensiones – El Sistema Maestro de depuración en las prácticas de Marketing, incluyendo los 7 Pilares, 7 Modos, 7 Niveles, 7 Ángulos, Mercados, Industrias y Tiempo (Eras).

Las 7 Personalidades de acuerdo al Marketing – Un subconjunto del Modo 4 (Gente), los diferentes tipos de personalidades de acuerdo al Marketing (MPTs) representan las personalidades que las personas reflejan mientras están laborando en el mundo del Marketing. Todos tenemos un porcentaje de las 7 cualidades, en diferente grado.

Las Decisiones "Go" Vs Decisiones "No Go" – Aquellas decisiones que determinaran si un proyecto en marketing, campaña, estrategia o iniciativa será iniciada basando esta decisión en el análisis y consideración de los factores que son importantes para la obtención del éxito o fracaso.

LinkedIn – Una red social diseñada específicamente para profesionales de negocios y la comunidad empresarial. Tanto individuos como compañías hacen uso de ella bajo el Pilar 6 (Medios Sociales).

Lista de Keywords – Una lista de palabras relacionadas con una compañía, producto o servicio que quieres hacer visible cuando tu público objetivo realice búsquedas en línea. Se puede utilizar para la optimización en buscadores y publicidad digital, como parte del Pilar 3 (Búsqueda) o Pilar 4 (Medios).

Llamado a la Acción – Engagement – Cualquier interacción o acción en respuesta a un contenido publicado por una empresa o agencia como parte de su extensa estrategia de marketing (ejemplo: "likes" comentarios, compartir en Facebook).

Los 12 Pilares del Marketing Integrado – Los Pilares del Marketing Digital (7) y los del Marketing Tradicional (7) ambos sistemas combinados hacen 12 Pilares del Marketing Integrado (7+7=14,14-2=12) gracias a que existen 2 pilares en cada sistema (Contenido y Publicidad) que se combinan en uno solo.

Los 7 Ángulos – Visualice los 7 Pilares como 7 Pirámides, donde la cima representa la culminación del conocimiento, los Ángulos son los lados de las pirámides. Los individuos ascienden las Pirámides utilizando diferentes trayectorias o aspectos de un particular campo del conocimiento.

Los 7 Modos del Marketing – Las etapas vitales para casi todos los procesos o proyectos en Marketing incluyendo Brainstorming o Lluvia de Ideas, ROI, Estrategia, Gente, Herramientas, Ejecución y Análisis. El término "Los Modos" tiene sentido como una distinción, ya que "las etapas" usualmente ocurren en forma secuencial.

Los 7 Niveles – Los 7 Pilares explica los conceptos mediante una detallada explicación de las actividades en Marketing usando los 7 Niveles de habilidades del individuo y la dificultad correspondiente de cada actividad. Los practicantes del Marketing desarrollan sus habilidades en determinados Pilares en el transcurso de su carrera profesional- desde el nivel inicial, intermedio hasta la cima alcanzando el nivel de maestro.

Los 7 Pilares del Marketing Digital – El nombre dado a la primera y más amplia dimensión del sistema que consiste en Contenido, Diseño, Búsqueda, Medios, CRM, Medios Sociales y Móvil.

Los 7 Pilares del Marketing Tradicional – Las raíces del campo del Marketing compuesto tradicionalmente por elementos "offline incluyendo: Contenido, Branding (Manejo de la Marca), Publicidad, Relaciones Públicas (RP), Ventas, Eventos de Marketing y Marketing Directo.

Los 7 Principios básicos – Los siete primarios, las características que definen la metodología de los 7 Pilares, incluyendo Manejo del Tiempo, ROI (motivado por objetivos), Holístico, Motivado por la Innovación, Inteligencia de Negocios, Compartir Activamente los conocimientos y Flujo de trabajo Orgánico y Ágil.

Madrugador – Persona o individuo que despierta tempano en las mañanas y con extrema puntualidad. Aquel cuya productividad y nivel de energía es mejor en las mañanas.

MailChimp – MailChimp es una aplicación web gratis y proveedor de servicios de Marketing por correo que le permite a las compañías ejecutar y medir las campañas de Marketing por correo. Es una herramienta importante dentro del Pilar 5 (CMR) para contactar a los prospectos y los clientes actuales.

Mapa de Ideas – Un diagrama usado para visualizar y organizar la información acerca de cómo la estrategia, campana o técnica de Marketing funcionara.

Marca/ Manejo de la Marca – Es la diferenciación de una compañía, producto o servicio basándose en características particulares, cualidades, beneficios, especificaciones o aspectos relevantes. En ingles puede ser un verbo o un sustantivo (Brand/Branding), Branding puede ser utilizado para describir la identidad de una compañía o empresa y sus productos o servicios. Es también el acto de mostrar visualmente el logo de la empresa en una superficie para lograr el reconocimiento y diferenciación.

Marketing Afiliado – El reparto de los ingresos entre los vendedores y los comerciantes en línea (online), ya que sea que el ingreso este basado en desempeño de las claves métricas incluyendo ventas, clics o el registro de nuevos clientes. Etc.

Marketing Comunitario – Es la estrategia que está dirigida a crear la integración de una audiencia activa, en una conversación no intrusiva, enfocada en las necesidades de los clientes activos (en vez de enfocarse en los nuevos clientes) Semejante al Pilar 5- CRM.

Marketing de Guerrilla – También parte del Pilar Tradicional #6 (Eventos). Técnicas de mercadeos innovadores, no convencionales y de bajo costo cuyo objetivo es obtener la mayor exposición del producto, servicio o empresa.

Marketing de Raíces – Grassroots Marketing – Parte del Pilar tradicional #6 (Eventos). Es el tipo de Marketing que se dirige a una audiencia pequeña, o grupo especializado, mediante el uso de métodos no convencionales o tradicionales con la intención de que el mensaje será transmitido de esta audiencia hacia una mayor.

Marketing Digital – El Marketing de productos y/o servicios mediante la utilización de las plataformas y tecnología digital con la finalidad de atraer una audiencia y convertirlos en clientes, de una forma enfocada, medible e interactiva.

Marketing Directo – Método de bajo costo utilizado para conquistar una determinada audiencia (ejemplos: Marketing email masivos, Correo directo, Telemarketing, Ventas directas, Marketing comunitario).

Marketing en línea – Sinónimos: Marketing en páginas web, marketing digital y en internet. Los esfuerzos publicitarios y de marketing que usan el correo y el internet para impulsar ventas directas a través del e-commerce y el aumento de conciencia de marca.

Marketing Inbound – Una forma de Marketing que obtiene la atención de sus clientes, hace las empresas fáciles de ser descubiertas y crea tráfico en los Websites mediante la producción de contenido interesante. Sinónimos Medios ganados; Incluye SEO (Pilar #3) Social Media (Pilar #6) y RP (Relaciones Publicas, Pilar Tradicional # 4).

Marketing Integrado – La aplicación consistente del mensaje de la marca mediante el uso de diferentes métodos promocionales en el marketing tradicional o digital. Existen 12 Pilares en el Modelo de Marketing Integrado.

Marketing Internet – Sinonimo: Marketing Digital, Marketing en la Web, Online Marketing. Esfuerzos de Marketing y Publicidad que utilizan la Web y emails para obtener ventas directas mediante el comercio electrónico, además de ventas potenciales provenientes del website o emails.

Marketing móvil – Pilar 7 (Móvil) abarca actividad promocional diseñada para ser entregada a celulares, Smartphone y tabletas, usualmente como un componente de una campaña multicanal.

Marketing tradicional – Piensa al estilo Mad Men. Está plasmado en los 7 pilares del Marketing tradicional y cubre los canales utilizados antes del nacimiento de la era del Marketing digital, como publicidad impresa, newsletters, vallas publicitarias, volantes y avisos clasificados en el periódico impreso.

Medios – Pilar 4 (Medios) constituye todas las formas de publicidad en línea, esencialmente cualquier medio pago incluyendo banners publicitarios, publicidad PPC (pay per clic o de pago por clic), promociones, correos electrónicos pautados y publicidad en Medios Sociales.

Medios pagos – Cualquier forma de publicidad tradicional o paga que se paga por incluir medios impresos, televisión, radio, búsqueda paga, canales de retail o al por menor. Un aspecto clave del Pilar 4 (Medios).

Medios propios – Los activos o canales de Marketing que la compañía controla y que es capaz de utilizar para dirigir una colección de mensajes de Marketing seleccionados a una audiencia. Los gigantes de los medios desarrollan dichos activos bajo el ángulo 7 (Emprendimiento).

Medios Sociales – Pilar 6 (Medios sociales) incluye todas las formas de actividad orgánica en Medios Sociales. Esto incluye comunicaciones dentro de todas las redes sociales, construcción de relaciones con prospectos e influenciados de la industria, así como distribución de contenido.

Mercados – Dimensión 5 (Mercados) incluye los intercambios locales y globales que se pueden segmentar geográficamente (continente, país, ciudad o estado) o demográficamente (según nivel de ingresos, género, edad, grupo étnico y otras categorías).

Merchandising en Tiendas – La variedad de exhibidores de productos o presentación de productos a la venta en las tiendas con la intención de captar la atención de los clientes y estimular la compra. Merchandising es una parte importante del Pilar Tradicional #5 (Ventas).

Multivariado – Es un test que involucra dos o más cantidades variables.

Newsletter – Un boletín informativo emitido periódicamente a los miembros de la sociedad, empresa u organización. Esto también se puede hacer con un propósito promocional por negocios bajo el Pilar 7 (Marketing Directo).

Noctámbulo – Una persona que es habitualmente activa en la noche o que se desvela.

Página en Facebook – Un perfil público específicamente creado por un negocio, una marca, celebridad, causa u organización que es "liked" por un usuario de Facebook con la finalidad de mantenerse al día con los acontecimientos relacionados con dicha página.

Página web – Un documento individual de hipertexto en el World Wide Web que puede incorporar texto, gráficos, sonido y video. Este se crea en el Pilar 2 (Diseño).

Patrocinio – Una forma de Marketing en la cual la compañía paga una tarifa para tener su marca asociada con un evento o causa con el fin de obtener reconocimiento. Estrechamente relacionado con el Pilar tradicional 3 (Publicidad) y el Pilar tradicional 6 (Eventos de Marketing).

Pensador – El Creativo (MTP5) es la fuente de energía creativa que brilla durante las primeras etapas de un proyecto, y en la lluvia de Ideas (Brainstorming Stage Mode 1).

Photoshop – (sustantivo) Un software con el que se editan imágenes creado por Adobe y (verbo) que significa usar este software para editar una imagen. Con frecuencia utilizado en el Pilar 1 (Contenido) para crear una galería para promoverlo.

Pinterest – Una página web social para compartir y clasificar imágenes que se encuentran en línea. Parte del Pilar 6 (Medios Sociales).

Pirámides del conocimiento – Las pirámides del conocimiento son el resultado de cruzar la tercera y la cuarta dimensión. (Ángulos y niveles) Las pirámides usualmente tienen siete posiciones y tamaños diferentes, lo que representa a quien se está evaluando y en qué dominio del conocimiento.

Planeación estratégica – Un proceso de una organización para definir su estrategia, dirección y toma de decisiones para adjudicar sus recursos y perseguir este plan. Un componente del Modo 3 (Estrategia).

PLPs "Preferred landing page o página de llegada" – Es una página particular en una página web que le gustaría rankear con una palabra clave específica. Se encuentra dentro del Pilar 3 (Búsqueda).

Podcast – Un archivo en audio digital por demanda que se hace disponible a una audiencia en línea y que se puede descargar en un computador o un reproductor multimedia. Normalmente está disponible como series automáticas de nuevos capítulos a suscriptores bajo el Pilar 1 (Contenido).

Porcentaje de Rebote – El porcentaje de visitantes a un sitio web en particular, que después de visitar una las páginas, decide a navegar hacia otros sitios web.

POS – Un acrónimo para "point of sale" o punto de venta, que se refiere a la ubicación en la que los bienes son vendidos. Una subsección del Pilar Tradicional 5 (Ventas).

PPC – Un acrónimo para "pay per clic" o pago por clic, que se refiere al modelo de negocio donde la compañía realiza publicidad en una página web y paga una suma de dinero al que aloja la página cuando un usuario hace clic en el anuncio. Un componente primario del Pilar 4 (Medios).

PR o Relaciones Publicas – Pilar tradicional 4 es la gestión de comunicaciones estratégicas no pagas entre una entidad y su mercado objetivo o público en general.

Presupuesto – Un plan estimado de la inversión financiera objetiva asociada con la exitosa ejecución y desarrollo de una estrategia de marketing en particular, proyecto o campaña.

Producción de Eventos – La Coordinación de una actividad bajo un tema, la exhibición, presentación (ejemplos evento deportivo, festival de música o concierto) para promover un producto, servicio, causa o empresa. Parte del Tp6. Eventos de Marketing.

Promociones con base en la ubicación – Promociones que usan geotargeting para brindar promociones a la audiencia objetiva, más comúnmente en el Pilar 6 (Medios Sociales).

Publicación Impulsada – La acción de pagar a los medios sociales (ejemplo Facebook) para publicar a una mayor audiencia el contenido o mensaje de una campaña.

Publicaciones en línea – Publicaciones en medios que entregan contenido a sus audiencias principalmente o únicamente en línea. Estos entran en el Pilar 1 (Contenido) e incluyen ejemplos bien conocidos como Huffington Post y BuzzFeed.

Publicidad – La profesión o actividad que se basa en la comunicación dirigida a una determinada audiencia con la finalidad de persuadir o influenciar la decisión de compra de un producto o servicio.

Publicidad en Aplicaciones – Publicidad que es presentada al usuario en un aparato móvil mientras usa una aplicación. La descendencia de M4 (Publicidad) y M7 (Móvil).

Publicidad en Facebook – El utilizar Facebook como un medio publicitario, con la finalidad de anunciar, promover los productos o servicios de una empresa, es un servicio pagado por la empresa o la agencia. La forma más popular de publicidad en Facebook son las páginas en promoción y el boost masivo de contenido (ejemplo: texto, imágenes y videos).

Publicidad en línea – Una manera de publicitar en línea por medio del internet para entregar mensajes de marketing promocional a los consumidores a través de Medios sociales, buscadores o páginas web. Un subgrupo del Pilar 4 (Medios).

Publicidad Ganada – Earned Media – También conocido como "Free Media"; Publicidad que es obtenida vía esfuerzos promocionales en vez de publicidad. Las formas más comunes son Relaciones Publicas, Medios Sociales, Búsquedas orgánicas (SEO) entre otras.

Publicidad OOH – Un acrónimo para publicidad out of home o fuera de casa que se refiere a cualquier forma de publicidad que alcanza los consumidores mientras ellos se encuentran fuera de casa (como vallas publicitarias). Es un componente del Pilar tradicional 3 (Publicidad).

Publicidad móvil – Cualquier forma de publicidad realizada a través de teléfonos móviles con conexión inalámbrica (Wireless) u otros dispositivos móviles como tabletas. Un híbrido del Pilar 4 (Medios) y Pilar 7 (Móvil).

Reclutar – El acto de buscar y contratar personal óptimo para su compañía, proyecto o equipo. Este se relaciona con el Modo 4 (Gente).

Recolector de Información – Un familiar cercano del proceso Brainstorming y Estrategias, el Recolector de Información cree en el poder de los datos (MPT2). Ellos son los más rápidos y dinámicos al surfear la Web, y pareciera que saben cómo encontrar la información que para el resto de nosotros es casi imposible encontrar.

Recopilación de Data – Es el proceso de recopilación y medición de información en forma sistemática mediante una serie de medios.

Redes Sociales – Una página web dedicada o aplicación que le permita a los usuarios comunicarse con otros al publicar información, comentarios, imágenes, etc. Un área fundamental del Pilar 6 (Medios Sociales).

Referidos – Nuevos negocios o clientes que se han obtenido como resultado de clientes actuales satisfechos que recomiendan los productos o servicios a otros clientes. En Marketing Digital, estos son los KPIs (indicadores de desempeño) del Pilar 6 (Medios Sociales).

Resultados – Los diferentes efectos, objetivos alcanzados que son producto de una exitosa ejecución de una estrategia de Marketing o proyecto.

Retención – Un aspecto fundamental del Pilar 5 (CMR), la retención de clientes se refiere a mantener tus clientes actuales haciendo negocios de forma repetitiva.

ROI o retorno a la inversión – Estrechamente relacionado con el ángulo 5 (Finanzas), Modo 2 (ROI) es donde el equipo de Marketing congela sus metas anticipadas y presupuestos asociados.

RP Interactiva – Relaciones Públicas Interactivas – También conocida como RP en la Web. Este es el proceso de utilizar el internet como medio de comunicación entre su empresa y el público. Parte del Pilar #6 (Social) y primo cercano del Pilar Tradicional #4 (Medios en Internet).

Rueda de prensa – Una entrevista otorgada a los periodistas por una persona importante con el fin de dar un anuncio o responder preguntas. Una actividad que se realiza bajo el Pilar Tradicional 4 (PR).

SaaS – Un acrónimo para "Software as a Service" que se refiere a un software en concesión y un modelo de prestación de servicios en el que el software es concedido a través de una suscripción y es alojado centralmente. Está relacionado con el Modo 5 (Herramientas).

Segmentación – Dividir el mercado en segmentos geográficos, demográficos, pictográficos o de comportamiento. Se relacionan con la Dimensión 5 (Mercados) y el Pilar 5 (CMR).

Segmentación de la Audiencia – Este es el proceso de dividir su audiencia objetivo en sub grupos basándose en un criterio definido como puede ser demográfico, psicológico y geográfico. Este es un componente fundamental del Pilar 5 (CRM).

Seminario – Conferencia u otra reunión para discutir un tema y capacitarse. Se encuentra bajo el Pilar 6 (Eventos de Marketing).

SEO – Un acrónimo de "search engine optimization o posicionamiento en buscadores" que se refiere al proceso de maximizar el número de visitantes a una página web en particular al asegurarse que está encabece la lista de resultados generados por un buscador. Un componente primordial del Pilar 3 (Búsqueda).

SEO Off-page – Una parte clave del Pilar 3 (Búsqueda) esto cubre técnicas que se pueden usar para mejorar la posición de un sitio web en los resultados de los buscadores desde fuentes externas. (Como link-building o construcción de enlaces).

SEO on-page – Una parte clave del Pilar 3 (Búsqueda), incluye factores que tienen un efecto en el listado del sitio o página web en resultados de búsqueda natural que se pueden controlar de forma directa (como incluir palabras claves, títulos óptimos de la página, e imágenes alt tags).

SEO local – Posicionamiento en buscadores locales es parte del Pilar 3 (Búsqueda) y hace referencia al Marketing Digital especializado que incrementa la visibilidad de los negocios en el ranking de búsquedas por palabras claves relacionadas con su ubicación geográfica.

SERP – Un acrónimo para "Search Engine Results Page o página de resultados de buscadores" que se refiere al listado de resultados generado por el buscador en respuesta de la consulta de una palabra clave. Está relacionado con el Pilar 3 (Búsqueda).

Sitio web – El sitio web de una compañía es un conjunto de páginas web relacionadas con el dominio de internet que poseen. Que tan efectiva es esta en la consecución de las metas que se fijaron depende del uso eficaz del Pilar 1 (Contenido) y del Pilar 2 (Diseño).

Snapchat – Una aplicación móvil que le permite a los usuarios enviar y recibir fotos y videos que se "auto-destruyen". Las fotos y videos que se toman con la aplicación se llaman Snaps. Esto hace parte del Pilar 6 (Medios Sociales).

Soluciones Marketing Emails (EMS) – Se refiere al programa (software) que le permite construir, ejecutar y medir el desempeño de una campana vía email marketing. (Ejemplo Mailchimp, Campaign Monitor).

Spam – Mensajes irrelevantes o inapropiados enviados por internet a un gran número de destinatarios.

Storyboard – Una secuencia de dibujos, normalmente con algunas indicaciones y diálogos, que representan las tomas o las escenas que se planean para una campana, aplicación o publicidad futura. Presente durante el Modo 1 (Lluvia de ideas).

Streaming – Es un método para transmitir o recibir videos y material auditivo por redes computarizadas como un flujo constante y estable, permitiendo que se haga la reproducción al mismo tiempo que se reciben los datos posteriores.

Tarifa de medios – El costo asociado con la actividad promocional realizada a través de medios de comunicación pagos, Pilar 4.

Tasa de Acción – Conversión – El porcentaje de usuarios que realizan la acción deseada por el anunciante. (Ejemplo: El porcentaje de visitantes a una página web y realizan una compra).

Telemarketing – Una forma de Marketing en la que se le ofrece servicios y productos a clientes potenciales vía telefónica y un aspecto fundamental del Pilar tradicional 7 (Marketing Directo).

Televisión para Respuesta Directa – DRTV – Se refiere a cualquier publicidad en televisión que convenza al consumidor a responder directamente, usualmente mediante una llamada telefónica o visitando una página web. Parte del Tp7 (Marketing Directo).

Temas de Blog – El tema específico que se publicara en el blog.

The Cloud – La Nube – El espacio en el internet donde individuos o empresas pueden almacenar datos en línea. Físicamente, estos datos son almacenados y administrados vía múltiples servidores propiedad de las empresas que sirven de host. (Ejemplo Dropbox, ICloud).

Trafico Directo – El tráfico que recibe una página web mediante las direcciones URL que el visitante utiliza o enlaza mediante los buscadores.

Tráfico estimado – Predice la cantidad de tráfico que podrías recibir en tu página web por el uso de una palabra clave en particular. Esto se relaciona con el Modo 2 (ROI) y Pilar 3 (Búsqueda).

Twitter – Una plataforma de una red social que le permite a los usuarios publicar imágenes, videos y micro blogs hasta un límite de 140 caracteres. Se ubica bajo el Pilar 6 (Medios Sociales).

Tweet o tuit – Una publicación hecha en la página de la red social Twitter, relacionado con el pilar 6 (Medios Sociales).

URL – El término genérico para todo tipo de nombres y direcciones que se refieren a objetos en el mundo del World wide web.

URL Personalizado – También conocido como "Vanity URL"; el proceso que condensa el perfil personal de un individuo URL en una formato conveniente de y fácil redacción.

USP – Un acrónimo para "Unique selling Proposition/point o propuesta comercial única" que se refiere a los factores que diferencian un producto de los de la competencia, como el bajo costo, la alta calidad o el primer producto de su tipo. Esto se puede comunicar a través del Pilar 1 (Contenido) y el Pilar 2 (Manejo de marca).

Usuario avanzado o power user – Un usuario experto en plataformas digitales quien ha alcanzado el estatus de un nivel avanzado a los ojos de sus compañeros (por ejemplo un colaborador superior en un foro, un miembro respetado de una comunidad en línea) Esto está relacionado con el Principio Básico 6 (Difusión de conocimiento activo).

UX – Un acrónimo para "User experience design o diseño de la experiencia del usuario" Pilar 2 (Diseño) cubre todos los aspectos de UX digital, incluyendo desarrollo web, desarrollo de aplicaciones, diseño web e inclusive alojamiento web y mantenimiento. Cada elemento y cada página en una página web demanda un UX bien elaborado, incluyendo activos creativos como banners publicitarios, formularios, llamados a la acción también conocidos como call-to-action y gráficos de cabecera.

Vanity URL o dirección de vanidad – Una dirección de una página web única que es registrada con propósitos de Marketing optimizada para que sea tanto de fácil como de utilizar y compartir. Se puede usar como parte del Pilar 2 (Diseño) para darle una mejor experiencia al usuario (UX) cuando busca una empresa o producto en línea.

Ventas – El Pilar tradicional 5 (Ventas), es un primo cercano de (dP5) CMR y está enfocado en el desarrollo y gestión del cliente. Incluye comercialización dentro de una tienda, estrategia en punto de ventas (POS) y está estrechamente relacionado con el Pilar tradicional 2 (Branding o manejo de marca).

Visión – La capacidad de obtener una comprensión profunda de la audiencia objetivo en Marketing y actuar de acuerdo a la misma.

Visionario – El más desarrollado de los Tipos de personalidades en el Marketing (MPTs). Su comprensión clara de los problemas de negocios particulares y las soluciones óptimas, cuando coincide con una habilidad para expresar la visión, produce un potencial sin igual.

Website copy – El contenido escrito que es creado para el sitio web de una compañía y es una subsección del Pilar 1 (Contenido).

Webinars – Un seminario que se lleva a cabo por internet y que recae en el Pilar tradicional 6 (Marketing de eventos). Con frecuencia son promocionados en línea a través del Pilar 6 (Medios sociales).

Web móvil – El uso de internet a través de dispositivos móviles portátiles incluyendo Smartphone y tabletas. Como parte del Pilar 7 (Móvil).

Wireframing – Un paso importante en cualquier proceso de diseño de pantalla como parte del Pilar 2 (Diseño). Le permite a un diseñador definir la información de su diseño jerárquicamente, haciendo más fácil planear el diseño de acuerdo a como quieran que el usuario procese la información.

WordPress – Un sistema de gestión de contenido gratis y de código abierto (CMS) para administrar el contenido de una página con base en lenguaje de programación PHP y la base de datos relacional más popular MySLQ. Corresponde al Pilar 1 (Contenido) y al Pilar 2 (Diseño).

World Wide Web – Un sistema de información en internet que permite conectar documentos con otros documentos por medio de enlaces de hipertexto, permitiéndole al usuario buscar información al moverse de un documento a otro.